──── 지식 리부트 ────

Knowledge Mindfulness

Knowledge Mindfulness © 2023 Laila Marouf.
Original English language edition published by Forbes Books
18 Broad Street, Charleston South Carolina 29401, USA.
Arranged via Licensor's Agent: DropCap Inc. All rights reserved.

Korean language edition © 2025 by Mir Book Company
Korean translation rights arranged with Forbes Books
through Dropcap, Inc and CHEXXA Co.

이 책의 한국어판 저작권은 책사 에이전시를 통한
저작권사와의 독점 계약으로 미르북컴퍼니가 소유합니다.
저작권법에 의하여 한국 내에서 보호를 받는 저작물이므로
무단전재와 무단복제를 금합니다.

지식 리부트

―― AI 시대, 성과와 혁신을 만드는 똑똑한 지식 활용법 8가지 ――

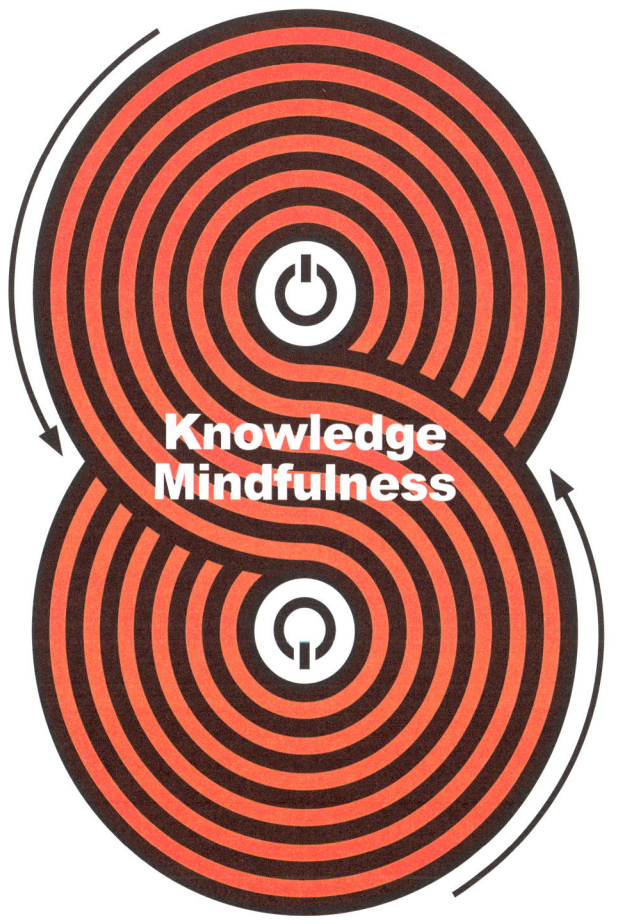

Knowledge Mindfulness

리오라 마루프 지음
서지희 옮김

더모던
Themodern

추천의 글

❖ 마루프 박사는 이 정신 없는 혼란의 시대에 리더들이 지식 성찰의 개인적 여정에 참여하도록 하는 가이드북을 썼다. 그녀는 이 길의 방향을 개인적 지식 성숙으로 잡는다. 이는 어떤 목적지라기보다는 세상에서 행동할 수 있는 지식과 능력을 쇄신해 나가는 과정이다. 개인적인 내용을 전략적이고 실용적인 내용과 혼합시킨 아주 특별한 책이다.

_폴 R. 찰리 Paul R. Carlile
보스턴 대학교 퀘스트롬경영대학원정보시스템 전공 교수 겸 혁신 담당 수석 부학장

❖ 팬데믹 이후 새로워진 일상에 적응하는 일은 오늘날 비즈니스 리더들에게 어려운 과제이다. 더없이 적절한 시기에 펴낸 마루프 교수의 안내서는 이 전환기를 순조롭게 넘기고 팀을 새로운 차원으로 이

끌 수 있는 올바른 길로 당신을 안내한다.

_나빌 하바예브 Nabil Habayeb
GE 수석 부사장 겸 GE 인터내셔널마켓 사장 및 CEO

❖ 성공한 기업들은 개인의 지식을 조직 전체의 방대한 경험을 활용하고 다수가 혜택을 얻을 수 있는 '조직 지식'으로 전환하고자 노력하기 때문에, 나는 지식 성찰이 모든 대규모 조직과 깊은 관련이 있다고 본다. 조직의 성공은 지식 성찰 및 지식 공유에 참여하는 직원들의 업무 의욕과 밀접하게 연관된다. 좋은 리더는 직원들이 그들의 지식 프로세스를 적절히 활용하고 성찰을 통해 지식 창출과 지식 공유를 더 촉진하도록 장려한다. 이 책은 조직 지식을 더 잘 구축하고 유지하는 방법과 그 지식을 조직 전체가 공유하는 것이 조직의 성공과 존속에 필수적이라는 점을 알려준다. 또한 경영진이 지식 성찰 과정을 강화하는 데 이용할 수 있는 실제 사례와 실행 가능한 전략을 포함한 포괄적인 모델을 다룬다. 50년간 임원직을 수행한 사람으로서, 이 책이 오늘날의 불안정한 세상에 아주 적합하다고 생각한다.

사메르 코우리 Samer Khoury
콘솔리데이티드 콘트랙터스 컴퍼니(CCC) 회장

❖ 이 책은 솔직하고 현실 세계에 적용할 수 있는 내용이라서 특별하다고 생각한다. 좋은 리더가 되기 위해서는 체력, 겸손함, 빠르게 변화하는 세상에서 알고 있는 것들과 알아야 할 것들의 끝없는 도전에 대

한 성찰의 과정이 필요하다.

_애디 루디아디스 Addy Loudiadis
골드만삭스 파트너 겸 로스시 라이프(Rothesay Life) 전 CEO

❖ 라일라 마루프 박사가 설명한 성찰적이고 총체적인 접근 방식을 받아들이기에 지금보다 더 좋은 시기가 또 있을까. 유일한 상수常數는 변화이며, 빠르게 흘러가며 변하는 세상에서 지식 성찰의 황금 삼각형은 분명 지속 가능한 변화의 원동력이다. 임팩트VC Venture Capitalist로서 나는 포트폴리오 창업자와 투자자 모두에게 이 책을 추천하고 싶다.

_라마 차카키 Rama Chakaki
골임팩트 투자가, 트랜스폼(TRANSFORM) 파트너
민트+로렐(Mint+Laurel) 벤처캐피털(VC) 공동 창업자

❖ 라일라 마루프 교수의 《지식 리부트》는 효과적인 리더십을 위한 가장 사려 깊은 프레임워크를 제시한다. 지식과 리더십 그리고 조직의 성공 사이의 복잡한 상호연결에 대한 상세하고 사려 깊은 그녀의 접근 방식은 통찰력이 있는 동시에 실용적이다. 마루프 박사는 지식 관리에 대한 깊은 이해를 기반으로, 명확하고 상세하며 오늘날의 비즈니스 및 사회 환경에 적합한 전략을 내놓는다. 더 의식 있는 리더가 되고자 한다면 반드시 읽어야 할 책이다.

_마이클 곤타르 Michael Gontar
인터베스트 캐피털 파트너스(InterVest Capital Partners) CEO

❖ 지식 성찰이 자신과 주변 상황에 어떤 도움이 되는지 이해하기 어렵다면 라일라 마루프 교수의 책을 꼭 읽어보아야 한다.

_예룬 반 더 피어 Jeroen van der Veer

필립스 전 CEO

❖ 라일라 마루프 교수는 비즈니스 리더들이 목표 달성을 위해 지식을 보다 효율적으로 활용하는 방법을 알려주는 모델과 전략을 제시한다.《지식 리부트》는 직업적으로나 개인적으로나 성공과 더 나은 리더십을 재정의하는 데 도움이 될 수 있는 길을 설정한다.

_와파 아흐메드 알카타미 Wafa Ahmed Alqatami

쿠웨이트 상공회의소(Kuwait Chamber of Commerce and Industry) 이사회 회원

❖ 지식과 성찰이라는 두 가지 주요 개념을 아주 필요하고 적절한 시기에 우아하게 연결시킨 책이다. 세상이 불확실한 미래를 향해 달려가고 있는 지금, 우리는 개인적으로나 인류 전체로서 인간이 어떤 의미를 지니는지, 지식이 우리의 존재를 어떻게 풍요롭게 하며 왜 AI(인공지능) 앞에서는 그렇지 않을 수도 있는지에 대해 찬찬히 살펴보고 주의를 기울여야 한다. 이 책의 진심 어린 내용은 그 자체로 진정한 명상이지만, 그 메시지는 아주 신선하다.

_산제이 에마니 사르마 Sanjay Emani Sarma

아시아 경영대학원(Asia School of Business) CEO 겸 총장

MIT 기계공학과 교수

남녀노소 불문, 세상의 모든 리더에게.
그 어느 때보다 당신의 지식이 지닌
힘과 잠재력이 필요합니다.

감사의 말

 책을 쓴다는 것은 언제나 공동의 노력이며, 이 책의 단독 저자로 내 이름이 올라가 있기는 하지만 실제로는 많은 분들이 이 책이 탄생하는 데 없어서는 안 될 역할을 해주었다. 사실, 내가 일을 하면서나 개인적으로 만난 모든 사람이(친구든 라이벌이든!) 중요한 가르침을 주었기에 나는 그들 모두에게 깊이 감사한다.
 특히 끊임없는 사랑과 무조건적인 지지로 이 책이 나올 수 있게 해준 남편이자 삶의 동반자, 자닷Jawdat에게 고마움을 전한다. 내 작업에 대한 당신의 전적인 신뢰와 기쁨에 찬 자부심이 나를 겸손하게 만들고, 내 삶의 목적을 찾을 수 있게 해주었어요. 내 곁에 있어 주어서 정말 고마워요.

가족은 항상 나에게 더없이 중요한 존재였으며, 사랑하는 부모님 유스라Yusra와 나이프Naif는 정말 많은 것을 가르쳐주셨는데 그 가르침과 변하지 않는 사랑, 놀라운 관대함은 내가 많은 것을 이해하는 데 지대한 영향을 주었다. 나의 독서에 대한 사랑, 끊임없는 호기심, 교육에 대한 열정은 전부 그분들의 훌륭한 양육에 뿌리를 두고 있다. 남동생 나빌Nabil에게도 고맙다고 말하고 싶다. 남매애는 정말 놀라운 평생의 인연이며, 우리는 많은 것을 함께 배우고 그 과정에서 많은 지식을 서로 공유했다.

사랑하는 내 아이들 파와즈Fawaz와 유스라Yusra도 매일 내게 영감을 주고 많은 것을 알려준다. 엄마가 된다는 것은 특별한 여정이며, 아이들을 가르치고 내 양육 방식을 개선하고자 최선을 다하다 보면 아이들에 대해, 나 자신에 대해, 주변 세계에 대해 상상했던 것보다 더 많은 것을 배운다.

마지막으로, 이 책에 대한 나의 비전을 실현하는 데 도움을 준 〈포브스북스Forbes Books〉의 멋진 팀에게 감사를 전하고 싶다. 네이트 베스트Nate Best와 사만다 밀러Samantha Miller는 처음부터 끝까지 아주 침착하고 유능했으며, 나의 뛰어난 협력자 벤 위트포드Ben Whitford는 내가 목소리를 내고 암묵지를 형식지로 전환하는 데 도움을 주기 위해 부지런히 노력했다.

_라일라 마루프

차례

추천의 글   **004**
감사의 말   **010**

1부   다른 세상, 다른 요구, 다른 이해

들어가며	변화하는 세상	**017**
1장	지식 성찰의 필요성	**031**

2부   줌인: 지식 성찰의 요소들

2장	지식 이해하기	**063**
3장	자아 이해하기	**097**
4장	외부 세계 이해하기	**123**

| 3부 | 줌아웃: 지식 성찰의 원동력 |

5장	지식 성숙으로 가는 길	147
6장	창조하기(그러면서도 계속 쇄신하기)	159
7장	연결하기(그러면서도 계속 단절하기)	179
8장	활용하기(그러면서도 계속 행동하기)	200
결론	가치 있는 삶으로 가는 길	223

1부

다른 세상, 다른 요구, 다른 이해

변화하는 세상

때로는 도약을 위해 한 발 물러서야 할 때가 있다.

2020년 초에 나는 그런 때를 경험했다. 나는 수년간 학자로서 조직이 지식을 생성하고, 공유하고, 사용하는 다양한 방식을 탐구하는 수많은 연구 논문을 썼다. 컴퓨터 과학 공부를 시작했고, 지식 관리에 중점을 둔 정보 과학 박사 과정을 마친 뒤 교수, 연구원, 컨설턴트로 활동했다. 그 과정에서 대학의 지도자 격이 되어 동료들이 이론을 현실 세계의 혁신으로 전환하고, 참신한 아이디어를 특허화 및 상업화하며, 그들의 새로운 발견을 더 많은 사람들에게 제시할 수 있도록 지원했다.

보람 있는 일이었지만, 수년간 일한 나는 다시 집중하고 재충전할 필요가 있었다. 내 고용주인 쿠웨이트대학교는 2년간의 안식년을 주었고, 그 시작은 매사추세츠공과대학교의 오픈 러닝 센터 **Open Learning Center**에서 학습 및 혁신 분야의 가장 존경받는 인재들과 협업하는 것이었다. 보스턴행 비행기에 몸을 실은 나는, 그 시간이 내가 걸어온 여정을 되돌아보고 나를 매료시켰던 문제들을 더 깊이 파고들 수 있는 활기차고, 어쩌면 내 경력에 결정적인 역할을 할 기회가 되길 기대하고 있었다.

물론, 세상은 내 뜻대로 되지 않았다.

비행기 착륙과 거의 동시에 코로나19 팬데믹이 시작되었다. 하룻밤 사이에 MIT 캠퍼스는 폐쇄되었고, 항공사들도 마찬가지였다. 세계 최고의 전문가들은 모두 수업을 취소하고 고향 집으로 향했다. 나는 남편과 두 아이와 함께 먼 타지에서 오도 가도 못한 채 별안간 인적이 끊겨버린 보스턴의 쌀쌀한 거리를 헤매고 있었다.

뜻밖의 선물

그때는 몰랐지만, 계획했던 안식년이 중단된 것이 내게는 더할 나위 없이 좋은 일이었다. 대화할 사람도 없고, 틀어박힐 도서관도 없는 상황이 되자, 사색하고 스스로에게 어려운 질문들을 던져볼 시간과 정신적 여유를 갖게 되었다. '다시는 정상으로 돌아가지 못하면 어쩌지?' 나는 궁금했다. '모든 것이 바뀌었으니 나는 이제 어떻게 해야 할까?'

내가 쌓아 올린 지적, 전문적 역량과 앞으로 일 년 동안 고민해 봐야 한다고 생각했던 학문적 이론들은 잊어버리자. 어쩔 수 없이 내면을 들여다보게 되면서, 그동안 내가 틀에 박혀있었다는 것을 깨달았다. 평생 지식을 공부하며 살아왔으면서도 나는 그 모든 지식의 의미에 대해서는 전혀 궁금해하지 않았다.

하지만 웬걸! 보스턴에 발이 묶인 나는 몇 년 만에 처음으로 한 발짝 물러서서 내게 정말 중요한 게 무엇인지 묻고 있었다. 내 지식이 그런 목표들을 달성하는 데 과연 도움이 될까? 어떤 방식으로? 또 그 과정을 가속화하고 안내하기 위해서는 어떻게 해야 할까?

이 책은 그 상황 파악의 결과물이다. 나는 거울을 보면서 어떻게 하면 일을 더 잘할 수 있을지, 또 지금과 같은 길을 계속 걸어가야 할지 고민하게 되었다. 공부하고 가르치는 일이 좋긴 했지만, 생각하면 할수록 비좁은 학계에서 벗어나야 할 때가 되었다는 생각이 들었다. 학술 연구는 전문 분야들, 하위 분야들로 세분화되기 마련이다. 나는 보다 넓게 보고 세상을 내 강의실로 삼고 싶었다. 좁은 전문 분야가 아니라 학문과 학문 사이의 교차점과 틈새에 초점을 맞추어 새로운 강의 계획서를 쓰고 싶었다.

> 평생 지식을 공부하며 살아왔으면서도 나는 그 모든 지식의 의미에 대해서는 전혀 궁금해하지 않았다.

나는 내가 고향이라 부르는 부서, 내가 근무하는 대학, 내가 속한 더 광범위한 학문 공동체 등, 내 조직을 사랑했다. 하지만 내 일을 되돌아보니, 학계의 고립적인 특성이 내 강의와 연구뿐만 아니라 내가 지식 그 자체와 관여하는 방식까지 제약해왔음을 알게 되었다.

물론 지식은 지극히 개인적인 것이다. 피터 드러커 Peter Drucker가 지적했듯이 지식은 '사람 속에 구현되어 있고, 사람이 전달하고, 사람에 의해 창조되고 증대되거나 개선되고, 사람에 의해 적용되며… (그리고) 사람에 의해 잘 이용되거나 잘못 이용된다.' 지식 관리를 공부하는 동안, 나는 기존 지식 관리 이론에 세부적 관점의 '개인 지식 관리'가 추가되면서 개인이 조직의 지식의 기본 단위로 재부상하는 것을 보았다. 각각의 근로자들이 지식 관리 능력을 더 잘 갖출수록 조직에 더 많은 지식과 혁신을 가져다줄 것이라는 이론이었다.

그러나 드러커가 쓴 것처럼, 지식은 빠르게 변화하고 있다. 그는 '빠르게 변화하며, 오늘 확실했던 것이 내일은 부조리한 것이 되는 게 지식의 본질이다'라고 말한다. 나는 느리고 파편화된 학계의 관료주의가 빠르게 바뀌는 오늘날의 세상에 필요한 새로운 종류의 지식에 대처하기에는 미흡하다는 느낌을 받지 않을 수 없었다.

지식과 지식 관리에 대한 새로운 관점

지식을 이해하고 터득하기 위한 탐구는 수천 년 전부터, 즉 인류 역사의 전 과정에 걸쳐 이루어졌다. 그러나 시대와 사람들의 요구가 변화함에 따라 그 탐구의 초점도 계속 변화하고 있다. 나는 수년간 강의와 연구에서 조직의 지식에 집중해 왔지만, 거기에만 너무 집중한 나머지 지식에 대한 다른 사고방식들은 제대로 다루지 못했다. 내가 멈추고 한 발짝 물러났을 때 비로소 새로운 가능성들이 보였다.

나는 조직의 지식이 대차 대조표상의 현금과 같은 무형의 자산일 뿐만 아니라 훨씬 강력하고 역동적인 것, 즉 무수히 다양한 개인들의 풍부하고 다채로운 내적 삶과 인류의 집단 지성으로 엮인 살아있는 체계라는 사실을 깨달았다.

내가 박사 과정을 시작했을 때만 해도 사람들은 지식이라고 하면 컴퓨터가 입력에 따라 작동하고 출력을 생성하는 것처럼, 주로 외부 세계의 지식을 받아들이고 소화하는 과정으로 생각했다. 이제부터 알게 되겠지만, 그 접근법은 비록 심각한 한계가 있기는 해도 널리 알려진 견해인 만큼 명확하게 이해할 필요가 있다.

아래 도표에 표시된 이 개념에서 오른쪽 원은 우리의 암묵지tacit knowledge | 학습과 경험을 통해 체화되어 있지만 겉으로 드러나지 않는 지식-옮긴이를 나타낸다. 이것은 우리 사고의 '내용'으로, 자전거 타기나 언어 말하기와 같은 다양한 경험, 기술, 이성적 사고의 작용을 통해 머릿속에 존재하는 모든 것의 총합이다.

반대로 왼쪽 원은 외부 세계를 나타낸다. 세상에는 엄청난 양의 지식이 데이터와 정보의 형태로 존재하지만, 나의 이성적 사고에 의해 처리되기 전까지 그 의미는 제한적이다. 단순화를 위해 우리는 이것을 형식지explicit knowledge | 문서와 같이 분명한 형식을 갖추어 여러 사람이 공유할 수 있는 지식-옮긴이라 부르지만, 여기에는 책과 에세이, 팟캐스트, 전문가나 교사가 강의나 대화를 통해 전달하는 내용, 다른 사람들이 구조화된 정보로 만들어둔 미가공 데이터 등 아직 우리 머릿속에 들어오

지 않은 외부의 모든 것이 포함된다.

이 두 원은 끊임없이 휘돌고 변화하기 때문에, 외부 지식과 내부 지식 사이에는 많은 움직임이 있다. 이 둘 사이의 접점은 중요한 일들이 많이 일어나는 곳이다. 그곳은 정보와 경험이 한데 모이는 곳이자 주변 세계가 우리의 지식을 형성하고 추가하는 곳이며, 우리가 우리 자신의 생각, 고유한 지식 및 통찰력을 이용해 주변 세계를 형성하는 곳이다.

이 두 원 사이의 경계는 침투가 가능하며, 이상적인 세계에서는 이 두 영역 사이(세상과 우리의 지식 사이)의 교류와 상호 작용이 컴퓨터가 입력을 처리하고 분석 결과를 내놓는 것처럼 상당히 질서정연하게, 아니면 적어도 관리가 가능하고 일관된 방식으로 이루어질 것이다.

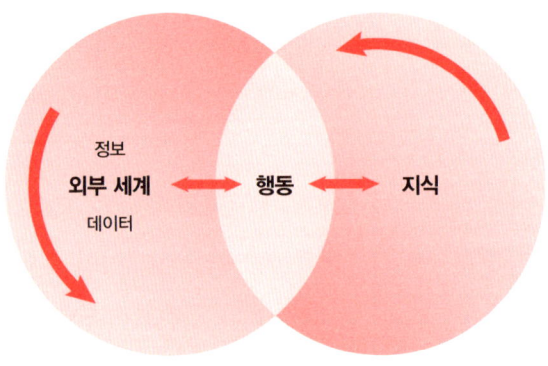

그것이 바로 지식 관리 분야(암묵지가 경쟁 우위의 중요한 원천이 될 수 있다는 조직들의 인식이 증가하고 있음을 보여주는 분야)의 목표이다. 여러 신기술로 인해 우리의 직업 생활에서 형식지와 정보는 점차 풍부

해졌지만, 1990년대 초부터 조직들은 필요한 결과를 얻으려면 직원들의 머릿속에 감추어져 있는 암묵지 또한 활용해야 한다는 것을 깨닫기 시작했다.

사실 대부분의 〈포춘Fortune〉 500대 기업들은 보고서 작성, Q&A 세션 녹화, 퇴사자 면담 등을 통해 암묵지를 포착하거나 외부화하고 데이터베이스나 기타 정보 저장소에 기록하여 조직의 메모리로 남기는 데 초점을 맞춘 지식 관리 방식을 채택해 왔다. 이러한 방식의 목표는 효율성이었다. 조직은 한 직원의 암묵지를 다른 직원이 빠르게 접근하고 사용할 수 있는 형식으로 변환하고자 하는 것이다.

안타깝게도 그런 노력들은 대부분 실패로 돌아갔다. 조직은 암묵지가 개인적인 것임을 서서히 깨닫기 시작했다. 암묵지의 가치는 대부분 각 직원이 그에 대해 느끼는 맥락, 단서들, 의미에서 비롯되기 때문에, 단순히 그 직원의 머리에서 뽑아낸 형식지로 변환할 수 없다.

이를 극복하기 위해 조직들은 지식을 뽑아내고 포착하는 대신 직원들이 암묵지를 다른 사람들과 공유하도록 장려하고 권한을 부여하는 지식 공동체를 만드는 등, 다른 접근 방식들을 시도해 왔다. 이 방식은 가치가 입증되어 오늘날에도 성공적으로 사용되고 있다.

이러한 노력으로 개인의 암묵지를 활용하여 개인을 위한 가치를 창출하는 데 초점을 맞춘 지식 관리의 새로운 분야, 즉 '개인 지식 관리'가 생겨났다. 하지만 이러한 접근 방식은 개인적 혜택을 조직의 가치와 연결시키지 못했기 때문에 조직에서 큰 호응을 얻지는 못했다.

그렇다면 당신은 지식과 지식 관리가 변화하는 세상에서 앞으로 나아갈 길을 찾는 데 어떻게 도움을 준다는 것인지 궁금할 것이다. 현실은, 우리의 변화하는 세상이 새로운 이해 방식을 요구하고 있다는 것이다. 즉, 유동적인 세상의 복잡성을 다룰 수 있는 더 복잡한 형태의 지식이 필요하다. 우리는 닻을 내리지 못한 채 표류하고 있으며, 새로운 이해와 새로운 접근 방식이 필요하다.

새로운 접근법

나는 새로운 접근 방식을 찾기 위해 최신 연구 논문들을 탐독하는 대신 다른 곳을 찾아보기 시작했다. 그 뒤 몇 달 동안 컬럼비아대학교에서 리더십, 스탠퍼드대학교에서 디자인 싱킹design thinking, 뱁슨칼리지에서 기업가 정신에 대한 온라인 수업을 들으며, 이러한 프로그램에서 가장 유익한 부분은 가상 커뮤니티와 그것을 중심으로 형성된 비공식 토론이라는 사실을 알게 되었다. 그와 비슷한 연결고리를 찾고 있던 나는 피터 디아만디스Peter Diamandis가 기술 혁신과 파괴적 비즈니스 혁신에 접근할 수 있도록 만든 멤버십 프로그램인 어번던스 디지털Abundance Digital에도 가입했다.

그곳에서 나는 AI인공지능 기반 매치메이킹matchmaking 서비스를 통해 플로리다 남부 출신 간호사 오드Ode를 소개받았다. 오드는 자기 일을 사랑했지만 의학이 인간이라는 존재에 대한 모든 이야기를 다 담아내지 못한다고 느끼기 시작한 참이었다. 처음에는 1~2주에 한 번씩 줌Zoom에서 만나 새로운 기술, 심리학, 비즈니스 및 기타 주제에 대해 논의하던 우리는 점차 삶에 대해서도 이야기했다.

오드 덕분에 여러 면에서 내 눈이 뜨였다. 우리는 사회학자 마크 그라노베터Mark Granovetter의 말처럼 '약한 유대weak tie' 관계였다. 가족도, 절친한 친구도 아니었지만 전혀 다른 집단 출신이었기 때문에 서로에게 새로운 관점과 사고방식을 일깨워줄 수 있었다. 우리는 코로나19 위기 때 우리가 겪은 어려움들, 특히 조지 플로이드George Floyd의 죽음 이후 유색인종으로서 겪은 경험에 대해 몇 시간이나 이야기를 나누었다. 나는 오드의 명확한 목적의식과 더는 자신의 목표에 도움이 되지 않는 앎의 방식들로부터 벗어나는 그녀의 능력에 감탄했다. 아프리카 춤의 영적인 측면에 매료된 그녀는 정신과 육체의 연결에 의문을 갖기 시작했고, 의학이 답할 수 없는 질문을 던지며 조직이라는 틀에서 벗어나 새로운 답을 찾아 나섰다.

현재 오드와 그녀의 가족은 아프리카에 살고 있으며, 그곳에서 오드는 정신과 육체에 대한 비서구적인 사상들을 탐구하며 그녀의 여정을 이어가고 있다. 나는 아프리카 춤의 중요성에 대해 오드와 같은 생각을 가지고 있지는 않지만(그랬다면 이 책을 쓰는 대신 춤을 추고 있었으리라), 그녀의 신념, 즉 자기가 알고 있는 것을 평가하고, 부족한 부분을 진단하고, 과감하게 새로운 방향으로 나아가는 그녀의 의지를 깊이 존경한다.

오드의 이야기는 나에게 영감을 주었다. 나는 이전에 알고 있던 사고의 패턴에서 벗어나 앞으로 나아갈 새로운 길을 구상하게 되었다. 나의 시간, 에너지, 자원을 재설계하여 내가 이끌린 모험에 투입할 준비가 되었다고 느꼈다. 또 구세계의 질서에 얽매여 있던 지식과 지식 관리에 대한 나의 이해를 새로운 개념적 모델(팬데믹 이후의 세상에 더 적합하다고 생각되는)로 바꾸는 일에 관해 좀 더 방법론적이고 단호한 태도를 갖게 되었다.

나는 그 새로운 체계를 지식 성찰**Knowledge Mindfulness**이라고 부른다. 이는 개인을 지식 네트워크 내의 연결점으로만 보는 것이 아니라 개인 자체를 네트워크(다양한 욕망, 목표, 가치, 신념, 독특한 관점으로 구성된 다면적 인간인 동시에 다른 여러 시스템 및 네트워크와 깊이 연결된 존재)로 보는 인식까지 포괄하는, 지식 관리의 재구성이라 할 수 있다.

이 렌즈를 통해 보면, 조직이라는 복잡한 생활 시스템은 다른 수많은 복잡한 살아있는 시스템들로 이루어진 모습을 띤다. 따라서 조직을 효과적으로 이끌려면 전체적으로 고려되었던 개인을 재조명하고, 각 개인에 내재되어 있는 모든 숨겨진 연결을 이해하기 위해 노력해야 한다. 이러한 상호연결을 이해하고 변화하는 세상의 한 개인에게 따르는 모든 압박과 가능성을 이해해야만 개인과 조직 모두를 발전시킬 수 있으며, 혼란스럽고 변화무쌍한 세상에서 적응력과 목적의식, 배려심이 있는 사고방식을 개발할 수 있다.

과도기적 세상에서는 당연히 모든 것이 균형을 잃을 수밖에 없다. 외부 세계는 형식지의 확장으로 인해 팽창하고 진화하며 점점 빠르게 순환하기 시작했다. 점차 늘어나는 데이터와 정보의 홍수 속에서 우리는 도무지 이해하거나 파악할 수 없는 복잡함과 모호함 속으로 빠져들고 있다. 외부와 내부 사이의 움직임, 그리고 그 소중한 연결고리를 통해 지식을 순환시켜 의미 있는 행동으로 전환하는 우리의 능력은 거의 사라져가고 있다.

다음 장에서는 우리가 공유하는 세상이 불안정하고, 불확실하고, 변화무쌍하고, 모호해진 상태, 즉 군 지도자들이 뷰카**VUCA**라고 부르는 상태에 대해 생각해 보고자 한다. 우리가 사는 세상은 항상 불안정했지만 기술 혁신, 팬데믹, 사회적 격변 등에 시달리는 오늘날에는 지식에 대한 기존의 사고 및 이해 방식이 더는 지속될 수 없다.

뷰카 세상에서 우리는 불확실성과 불안정성 속에서 살아간다. 하루에도 몇 번씩 우리는 정보의 홍수와 명확성의 결여로 인한 불행, 비생산성, 무력감을 경험한다. 개인에게 통찰력, 지혜, 일관성이 부족하면 자신과 조직, 또는 다른 개인을 효과적으로 도울 수 없으므로 개인에게도 좋지 않고 조직에도 끔찍한 일이다. 우리에게 필요한 건 새로운 접근 방식이며(스포일러 주의!) 나는 지식 성찰이 오늘날의 리더에게 필요한 새로운 패러다임이라고 믿는다.

2부에서는 지식 성찰의 개념적 토대를 설명하고 지식, 자아, 외부 세계 사이의 상호 관계를 보여준다. 또 지식 성찰이 리더에게 중요한 이유와 이 접근법의 사용이 그들에게 미칠 영향을 소개한다. 이러한 요소들을 각각 살펴봄으로써, 우리 대부분이 크게 주목하지 않았던 다차원적인 복잡성을 드러낼 수 있을 것이다.

먼저 살펴볼 것은 지식에 대한 새로운 관점이다. 우리는 지식이 우리가 흔히 생각하는 것보다 훨씬 총체적이고 인간적이라는 점을 배우게 될 것이다. 이성뿐만 아니라 직관도, 우리가 의지했을 법한 감각적

데이터와 정보를 보완하거나 대체하는 직접적인 경험을 제공함으로써 중요한 역할을 한다. 결정적으로, 우리는 내부 세계와 외부 세계의 상호 작용 속에서 지식이 어떻게 생겨나 둘 사이의 다리 역할을 하게 되는지 알게 될 것이다.

둘째로는 이를 바탕으로 지식이 내면의 성찰과 자신에 대한 깊은 이해에 어떻게 의존하는지 생각해 볼 것이다. 내 생각에 지식 성찰은 우리가 무엇을 알고 무엇을 모르는지, 특정한 사항들을 왜 알아야 하는지, 우리가 관심을 기울이는 것이나 내면으로 끌어들여 사용하는 정보의 종류에 우리의 성격, 선호도, 편견이 어떤 영향을 미치는지를 꼼꼼히 조사하지 않으면 달성하기가 어렵다. 우리는 자신에 대한 이해에 지식이 녹아들게 하는 방법을 배우고, 이러한 이해를 이용해 조직 내 입지를 강화하고 직원들과 더 깊은 관계를 구축하는 방법도 배우게 될 것이다.

셋째로는 우리의 지식이 맥락에 의존하는 방식, 그리고 사회적 관계의 생태계가 우리의 지식에 의해 형성되는 방식에 대해 살펴볼 것이다. 지식에 대한 고민은 본질적으로 편협해 보일 수 있지만, 나는 우리가 외부로 눈길을 돌리고 집단 지성을 의미 있는 방법으로 실행할 때에만 지식 성찰이 이루어진다고 생각한다.

이 책의 3부에서는 2부에서 얻은 이해를 현실 세계와 접목시켜 창조하기 create (그러면서도 계속 쇄신하기), 연결하기 connect (그러면서도 계속 단절하기), 활용하기 capitalize (그러면서도 계속 행동하기)라는 3C 순환고리를 소개한다. 이 세 가지 C는 지식 성찰의 '방법'을 구성하는 지식 기반 역량으로, 우리는 이를 지속적으로 순환함으로써 지식 성숙도를 높이고 조직, 리더십 및 일상생활에서 지식 성찰을 실용적이고 강력한 힘으로 만들 수 있다.

이 책의 처음에 나는 변화하는 세상의 혼란이 내게는 뜻밖의 선물처럼 느껴졌다고 말했다. 그렇다고 해서 항상 쉽고 수월하게 느껴졌던 것은 아니다! 하지만 여러 가지 어려움을 겪는 와중에 나는 고상한 지식의 이용과 힘에 대한 새로운 관점을 얻었고, 우리 모두가 더 효과적으로 삶을 영위하고 그 과정에서 더 만족스럽고 즐거운 삶을 살도록 도와주는 힘을 가진 새로운 이해를 얻었다.

나는 지난 몇 년 동안 이러한 여정을 거치며 놀랍도록 새로운 방향으로 나아갔고 그 어느 때보다 큰 집중력과 활력을 얻었다. 이어지는 내용을 통해 당신도 지식 성찰을 적용해 빠르게 변화하는 세상에서 나아갈 길을 명확하게 계획하고, 업무 및 개인 생활의 참신하면서도 효과적인 운영 방식을 찾을 수 있기를 바란다.

지식 성찰의 필요성

　1990년 8월 2일은 내 기억에 생생하게 각인된 날이다. 남편과 나는 이틀 전 보스턴을 떠나 쿠웨이트시티에 도착했는데, 당시 우리는 젊고 이제 막 바쁜 새 삶을 시작했던 터라 이웃 나라 이라크에서 사담 후세인이 피우는 소란에 큰 관심을 두지 않았다. 사실 다들 그랬다. 아버지의 말처럼, 그 이라크 독재자의 무력시위는 그저 푸른 하늘에 떠 있는 '여름 구름'에 불과했다.

　하지만 8월의 그날 아침, 우리는 조국이 침공당했다는 소식을 들었다. 이라크군이 우리 도시를 점령한 것이었다. 남편은 현금을 챙겨서 식료품점으로 달려갔다. 평소 같으면 도보로 5분이면 가는 곳인데 돌아오기까지 세 시간이나 걸렸다. 남편을 기다리는 동안 밖으로 나간

나는 머리 바로 위로 이라크 헬리콥터가 굉음을 내며 날아가는 장면을 보았다. 열린 옆문 밖으로 소총을 든 특공대원들이 들어와 있는 것이 보였다. 나는 겁이 났다. 눈앞에서 내 세상이 무너져 내리고 있었고, 그 모든 상황을 어떻게 이해해야 할지 알 수가 없었다.

모든 쿠웨이트인에게 침공은 엄청나게 힘든 경험이었다. 그러나 그와 동시에 강력한 촉매제이기도 했다. 많은 사람들이 전과 다른 사고방식을 가지고 새로운 길로 나아가게 되었다. 침공 전보다 더 잘 해나가며 번창하는 사람들도 있었고, 고군분투했지만 결국 재기하지 못한 사람들도 있었다.

왜 어떤 이들은 성공하고, 어떤 이들은 실패했을까? 이 질문은 그 뒤 몇 년 동안 계속 나를 괴롭혔다. 기본적인 자원과 기회는 똑같이 주어졌다. 재난이 닥쳤을 때, 왜 어떤 쿠웨이트인들은 회복탄력성을 발휘한 반면 다른 이들은 헤어 나오지 못해 허우적댔을까?

코로나19 팬데믹 이후, 나는 그 질문을 다시 던지고 있다. 전 세계가 크나큰 혼란에 직면해 있다. 이번에도 일부 조직들, 기관들, 기업들이 무너지거나 문을 닫았다. 다른 일부는 어려움을 겪었지만 살아남았고, 또 다른 일부는 그 속에서 성장과 발전의 기회를 찾아냈다. 이것은 단순히 추상적인 질문이 아니다. 점점 불확실하고 불안해지는 세상에 대처하기 위해 우리가 직면해야 할 시급한 질문이다. 쿠웨이트 침공과 코로나19 팬데믹은 우리가 직면한 혼란의 두 가지 예에 불과하다. 우리는 전례 없는 시대에 살고 있으며, 우리 모두에게(개인으로서, 조직으로서, 그리고 리더로서) 앞으로 수많은 도전이 펼쳐질 것이다.

웰컴 투 뷰카 월드

수천 년 전, 오늘날의 튀르키예 해안에 있던 작은 마을에서 헤라클레이토스라는 그리스 철학자는 단 두 단어로 주목할 만한 원칙을 설명했다. 그것은 'πάντα ρέι', 즉 '판타 레이'panta rhei였다.

이는 '모든 것은 흐른다' 또는 '삶은 유동적이다'로 간단히 번역할 수 있다. 헤라클레이토스는 변화만이 유일한 상수常數라고 말한다. 아무리 노력해도 같은 강물에 두 번 발을 담글 수는 없다고.

책을 수작업으로 힘들게 필사하고, 건물을 짓는 데 수십 년이 걸리고, 트라이림trireme | 노가 3단으로 된 갤리선-옮긴이을 화물선으로 쓰던 2천 5백 년 전에도 그 교훈이 유용했다면, 오늘날의 지도자들에게는 더욱 중요하다. 헤라클레이토스가 말한 그 강은 사나운 혼란의 급류가 되어 그 길에 있는 모든 것을 휩쓸어 가 버린다. 변화는 그 어느 때보다 빠르게 일어나고 있다. 변화의 속도도 더 빨라져서, 인류가 인쇄기를 발명하기까지는 수천 년이 걸렸지만 그 뒤 전화기를 발명하는 데는 고작 4백 년이 더 걸렸고, 그로부터 단 33년 만에 최초의 컴퓨터가 만들어졌다.

우리는 이제 기하급수적인 변화와 새로운 기술들의 통합을 목격하고 있다. 바로 여기에서 불가측성이 생겨난다! 우리는 선형적으로 꾸준히 나아가는 것이 아니며, 모든 것은 교차하고 중첩된다. 무어의 법칙은 마이크로칩을 넘어서고 있다. 새로운 혁신이 또 다른 혁신들을 이끌고 다른 연구 분야의 획기적인 발전을 촉발하여 생태계 전체의 변화를 가속화하는 것이다.

이는 오늘날의 지도자들에게 엄청난 도전 과제를 제시한다. 다가올 미래에 대비할 수 있는 모델도 없고, 앞으로 수십 년간 직면하게 될 변화의 속도와 정도를 예측할 방법도 없다. 단 한 가지 확실한 점은, 헤아릴 수 없을 만큼 엄청나고 어마어마한 변화가 있으리라는 것이다. 기존의 접근 방식은 더는 통하지 않을 것이며, 다가올 미래에 대비할 수 있는 새로운 모델도 우리에게는 없다.

군 지도자들은 이러한 급변하는 환경을 불안정하고volatile, 불확실하고uncertain, 복잡하고complex, 모호하다ambiguous고 설명한다 VUCA. 이 용어는 경영교육계에서 유행어가 되었으며, 굳이 다른 말을 만드느라 시간을 낭비할 필요는 없으니 이 책에서도 계속 사용하도록 하겠다.

> 다가올 미래에 대비할 수 있는 모델도 없고, 앞으로 수십 년간 직면하게 될 변화의 속도와 정도를 예측할 방법도 없다.

이 정의에 따르면 뷰카 월드는 예측할 수 없고 다차원적이며 이해하기가 어렵다. 거대한 위협이나 기회가 불쑥 나타나고, 삶을 바꿀 만한 소식이 담긴 전화가 언제 울릴지 알 수 없다. 간혹 휘발성 화학 물질이 눈앞에서 폭발하는 일이 벌어지듯, 뷰카 월드에서는 예측 불가한 극단적인 방식으로 운영 환경을 변화시키는 돌발상황이나 급격한 변화가 일어나기 쉽다. 우리는 낙관과 희망으로 가는 길을 찾아야 하지만, 혼란이 지나치면 그러기가 쉽지 않다!

게다가 뷰카 월드는 복잡하기만 한 게 아니라 아주 심하게 얽히고

설켜 있다. 복잡한 것의 예는 자동차 엔진이다. 작동 부품들이 많지만 궁극적으로는 기계적이고 예측이 가능하다. 얽히고설킨 것의 예는 그 차가 달리는 도시이다. 불규칙하게 뻗어있고, 유기적이고, 서로 연결되며, 매우 혼란스럽다. 과거의 문제들은 복잡하기만 했지만, 오늘날의 모든 새로운 발견이나 도전은 대부분의 사람들이 이해할 수 있는 것 이상의 측면들을 가지고 있다.

    비즈니스 리더로서 우리는 수많은 분야에서 이러한 현상을 목격한다. 예를 들어 금융 시장은 기업과 고객의 행동뿐만 아니라 지정학적 거시경제적 동향과 투자자들의 감정 상태, 암호화폐부터 초고속 주식 거래에 이르는 신기술, 소문들, 심지어 날씨에 의해서도 좌우될 만큼 아주 복잡하다. 알고리즘이 1초 만에 수만 건의 거래를 체결하는 시장을 투자자와 규제 당국이 이해하려고 노력함에 따라 복잡성은 더욱 커져, 우리는 시장 관리 자동화에 점점 더 의존하고 있다.

    공급망은 복잡성을 보여주는 또 하나의 예이다. 지금 이 순간에도 수백만 개의 선적 컨테이너가 전 세계의 바다를 가로지르고 있으며, 미국은 매년 아이폰부터 냉동식품까지 온갖 물건이 실린 컨테이너를 5천만 개 넘게 수입한다. 그러나 그 광범위한 선적망 역시 일부에 불과하다. 코로나19가 중국이나 인도네시아 공장에 미치는 영향부터 예측 불가한 소비자 수요 급증 또는 급감, 수에즈 운하에 화물선이 비스듬히 끼이는 이례적인 사건들까지, 일정대로 A에서 B로 제품을 공급하는 것은 굉장히 복잡한 일이다.

    개인이 이러한 복잡성을 처리하기란 쉽지 않으며 비즈니스 리더로서는 더욱 어려운 일인데, 이는 오늘날 리더가 짊어져야 할 책임이 더 커졌기 때문이다. 이제 리더의 사무실은 단순히 회의가 열리는 곳만이 아니다. 리더가 변화하는 세상을 계속 파악하고, 디지털 혁신에 발맞추고, 다양성과 포용성 문제에 대해 생각하고, 현명한 결정을 내려야 하는 곳이다.

리더의 책임은 기하급수적으로 변하고 있으며, 기업의 우두머리들이 이를 따라잡기란 쉽지 않다. 맥킨지의 〈세계 최고의 CEO는 어떻게 일하는가〉(토네이도, 2022)에 따르면, 2000년부터 2019년까지 미국 CEO들의 평균 재임 기간은 10년에서 7년 미만으로 감소했으며, 같은 기간 동안 전 세계 경영진의 이직률은 약 13퍼센트에서 거의 18퍼센트로 증가했다. 오늘날의 리더들은 그 어느 때보다 큰 외로움과 압도감, 번아웃을 느낀다고 한다. 조직은 새로운 인재를 유치하고 직원을 보유하는 데 실패하고 있으며, 대퇴직Great Resignation | 코로나19 기간 및 그 이후 미국을 중심으로 발생한 직장인들의 대규모 퇴직 현상-옮긴이, 우울증, 불안, 스트레스 및 기타 정신 건강 문제는 뷰카 세계의 리더들이 점점 많이 직면하게 되는 과제 중 일부에 불과하다. 이러한 상황을 호전시키기 위해 리더에게는 어떤 빛과 명확성, 그리고 다가오는 폭풍우를 헤쳐 나갈 방법이 필요하다.

앞으로 나아갈 길

리더로서도, 개인으로서도 앞으로 나아갈 길을 계획하려면 먼저 우리가 살고 있는 세상을 이해해야 한다. 그래야만 우리가 직면한 미래에 대한 상상을 시작할 수 있다.

이것은 능동적인 과정이다. 변화가 외부에서 촉발되든 내부에서 촉발되든, 우리는 그 변화를 해석하고 대응할 방법을 결정할 수 있는 힘이 있다. 예를 들어, 치명적인 뇌졸중으로 인해 거의 전신이 마비되었던 프랑스 언론인이자 편집자 장 도미니크 보비Jean-Dominique Bauby의 이야기를 생각해 보자. 한쪽 눈을 깜빡이는 것이 그가 외부와 소통하는 유일한 수단이 되었다. 보비는 자신에게 닥친 재앙에 대해 아무 말도 할 수 없었다. 하지만 그는 포기하는 대신 적응하고 자신의 삶을 새로운 방향으로 변화시키는 편을 선택했다.

보비는 하루에 몇 시간씩 머릿속으로 책을 구성한 다음 조수에게 힘겹게 눈을 깜빡여가며 자신의 생각을 전달했고, 그러면 조수는 그 깜빡임을 A, B, C와 같은 글자들로 바꾸어 단어로 번역했다. 그의 회고록인 《잠수종과 나비the Diving Bell and the Butterfly》는 베스트셀러가 된 동시에 영화로도 제작되어 큰 성공을 거두었는데, 이는 부분적으로 아무리 급격한 변화 속에서도 올바른 이해와 긍정적인 길을 찾으려는 의지만 있다면 적응하고 진화할 수 있다는 것을 극적으로 보여주기 때문이다.

리더들에게 그러한 이해와 의지를 발견한다는 것은 종종 새로운 가능성을 열기 위한 변화를 수용하는 것을 의미한다. 변화의 수용이 변화를 삶의 자연스러운 확장, 즉 우리가 처한 새로운 환경에 더 적합하도록 진화하는 것으로 해석하는 일을 의미한다면?

나는 살면서 그것을 알게 되었다. 전업주부로 10년을 보내고 난 30대에, 나는 발전하고 시야를 넓히려면 뭔가를 더 해야겠다는 생각이 들었다. 남들이 흔히 선택하는 것과 다른 길을 가면 불이익을 받을 수 있다는 사실을 알면서도 나는 석사 과정을 밟았다. 용기를 내어 내 삶에 변화를 불러들였던 것이다.

그러자 더 큰 변화와 새로운 발전이 뒤따랐다. 내가 상위권으로 졸업했을 때, 교수님들이 다가와 말씀하셨다. "라일라, 우리 학과는 규모가 작아. 미국에 가서 박사학위를 따고 돌아와서 우리와 함께 일하자." 가족들과 상의한 뒤 나는 과감히 도전했다. 남편은 쿠웨이트에서 계속 일했고 나는 아이들을 데리고 피츠버그에 3년간 머물렀다. 그것은 내가 스스로 선택한 내 인생 최대의 변화였으며, 나의 발전과 성장을 새로운 차원으로 끌어올린 계기가 되었다.

박사학위를 손에 든 채 쿠웨이트로 돌아와 교수로 일하기 시작했을 때 나는 마흔 살이었다. 이제 50대가 되어 학계를 떠나며 이 책을 쓰고 사업을 시작함으로써 나는 삶을 또 한 번 변화시키려 한다. 내 발전과 성장의 또 다른 단계인 것이다! 어머니가 은퇴를 고민했던 나이에 나는 이렇게 새로운 길을 걷게 되어 기쁘다.

이러한 경험은 점차 보편화되고 있다. 의학의 획기적인 발전으로 각 세대는 이전 세대보다 더 오래 살게 될 것이며, 할아버지 세대에는 한 가지 직업을 가지고 예순다섯 살에 은퇴하는 것이 당연했지만 급변하는 오늘날의 세상에서 우리는 대부분 훨씬 오래 일하고 다양한 직업을 갖게 될 것이다. 역사학자 유발 하라리 Yuval Noah Harari는 사람들이 한때는 돌 요새처럼 기초가 튼튼한 정체성을 구축했다고 지적한다. "이제는 접어서 다른 곳으로 옮길 수 있는 텐트와 같은 정체성을 구축하는 편이 더 합리적입니다." 그는 말한다. "어디로인지는 몰라도 어쨌든 이동을 하게 될 것이기 때문입니다."

이러한 유연성의 이면에는 현재 우리가 구축하고 있는 정체성과 그것의 기반이 되는 지식이 5년, 아니 5개월 뒤에 필요한 정체성 및 지식과 같지 않을 수 있다는 점이 숨어있다. 뷰카 세계에서는 지식 체계가 끊임없이 한계점(또는 돌파구)에 이를 정도로 시험당하며, 새로운 도전을 극복하기 위해 새로운 방향으로 확장된다.

이는 기존 지식의 '반감기'가 줄어들어 오늘의 지식이 내일은 진부해질 수 있다는 의미이다. 일부 예측에 따르면, 공학 학위의 '유효기간'은 단 4년으로 모든 공학자는 정기적으로 기술을 향상시켜야 한다. 의대생의 경우 그 기간은 훨씬 더 짧아서, 불과 18개월에서 24개월 전에 배운 모범 사례가 이미 구식이 되어버릴 수도 있다.

이미 조직에서는 습득과 거의 동시에 구식이 되는 실무 경험보다는 적응 및 발전을 가능하게 하는 메타스킬을 보고 직원을 뽑고 있다. 대학 교육은 학생이 졸업할 때쯤이면 이미 구식이 될 가능성이 높기 때문에 예전보다 가치가 떨어진다. 최근 딜로이트^{Deloitte}의 연구에 따르면, 경영진의 90퍼센트는 이제 교육이나 경험보다는 유연한 기술을 우선시하며, 그 결과 조직은 혁신을 이루고 높은 성과를 유지하며 변화에 효과적으로 대응할 확률이 높다고 한다.

오늘날의 리더가 나아갈 길은 그러한 기술과 특성을 효과적으로 풀어내고 성장시키며 의미 있는 방식으로 통합하는 것이다. 즉, 젊은 세대의 에너지와 참신한 관점, 고령 근로자의 통찰력과 전문성을 동시에 활용해 다세대 인력 양성 환경을 조성하는 방법을 이해하는 것이다. 이는 자신의 직업을 목적지가 아닌 더 긴 여정의 디딤돌로 여기는 직원들의 참여를 유도하고, 그들에게 영감을 줄 새로운 방법을 찾는 것을 의미한다. 결정적으로, 변화를 자연스러운 발전과 확장의 과정으로 해석하고, 어떠한 변화도 부정적으로 보지 않고 긍정적이고 적극적으로 대응하는 방법을 알아야 한다.

질풍노도의 뷰카 세계에서 이러한 긍정적인 태도를 이어가기 위해서는 오래된 습관으로부터 벗어나는 법을 배울 필요가 있다. 습관은 결국 일종의 방어 메커니즘으로, 모호함과 불확실성에 직면하면 우리는 본능적으로 이미 알고 있는 것에 의지하거나 익숙하고 안전한 영역comfort zone으로 후퇴한다. 매일 우리 머릿속에 떠오르는 6만여 가지 생각들 중 독창적인 생각은 10퍼센트 미만으로 추정되며, 나머지는 이전에 가졌던 생각의 반복이다. 이러한 반복되는 생각들은 마치 발자국들이 낡은 돌계단을 닳게 하듯이 우리 뇌에 닳고 닳은 길을 내어, 우리 생각이 미래에 또 그 길을 따라가게 만든다.

이것은 가치있는 것일 수도 있다. 세상을 해석하고, 몸을 관리하고, 언어를 구사하고, 악기를 연주하는 우리 뇌의 능력은 경험을 습관으로 만드는 능력에서 비롯되기 때문이다. 하지만 뷰카 세계에서는 기존의 틀에 얽매여 있을 여유가 없다. 우리는 현재 직면하고 있는 도전과 미래에 직면하게 될 도전에 대해 더 똑똑하고 발 빠르고 창의적인 해결책을 이용하거나 개발할 수 있어야 한다.

  또한 우리는 그 새로운 도전들을 느긋하게 앉아서 천천히 이성적으로 신중하게 생각할 여유도 없이 영리하고 발 빠른 해결책을 신속하게 사용하거나 고안해내야 할 수도 있다. 실수로 뜨거운 접시를 만지면 반사 신경이 작동하여 무슨 일이 일어나고 있는지 알기도 전에 손을 홱 치우게 된다. 그러나 빠르게 변화하고 복잡한 오늘과 내일의 세상에서 원초적인 '도마뱀의 뇌 lizard brain'에만 의존해서는 우리가 가장 필요로 하는 순간에 시기적절하고 영리하며 정교한 해결책을 만들어낼 수가 없다.

  개인과 조직 모두에게 필요한 것은 변화에 단순히 반응하는 것이 아니라 대응하는 방법과 변화 그 자체에 대한 새로운 이해이다. 오래된 습관에서 벗어난 새로운 해결책, 그러면서도 우리의 반사적인 대응 방식만큼이나 빠르고 유연한 방식을 개발할 수 있는 방법이 필요한 것이다.

  좋은 소식은, 지식에 집중하면 이 모든 목표를 달성하고 일석이조의 효과를 거둘 수 있다는 사실이다. 하지만 한 가지 문제점은, 지식에 대한 기존의 이해에만 의존해서는 이를 달성할 수 없다는 것이다. 새로운 상황과 새로운 도전에 대해 정교하고 창의적인 대응을 신속하게 하기 위해서는 다차원적 자아와 외부 세계 사이의 간극을 메울 수 있는 새롭고 포괄적이며 확장된 이해가 필요하다.

지식에 대한 새로운 관점

　사람은 조직 지식의 구성 요소라 할 수 있지만, 그것이 전부는 아니다. 사람은 사람이다. 사랑하고, 웃고, 울고, 좋은 날이나 나쁜 날을 보내도, 열정과 취미가 있고, 서로 다른 경험과 세상을 보는 방식을 가진 사람. 지식 관리라는 학문적 분야는 아무리 개인 지식 관리까지 더해진다고 해도 그저 수박 겉핥기에 불과한 느낌이었다. 그것은 좁은 곳을 밝게 비추는 스포트라이트와 같았다. 만약 그 나머지 부분을 밝힐 수 있다면 우리는 지식과 우리 자신, 우리 조직, 우리 삶에 대한 새로운 사고방식을 찾을 수 있으리라고 생각했다.

　내가 깨달은 문제점은 우리가 감각적 지식, 즉 인지 능력의 이성적 측면을 사용하여 지각하고 추론하는 것에 너무 집중해 왔다는 것이었다. 이로 인해 지식은 곧 우리 뇌의 내용과 능력으로 여겨졌지만, 사실 지식은 그 이상이다! 우리 지식의 총체는 우리 머릿속에만 있는 것이 아니다. 그것은 우리의 마음과 영혼에도 존재하며, 고립된 지성뿐만 아니라 직관의 통합, 다음 장에서 살펴볼 다른 차원들, 우리가 외부 세계의 어떤 것에 관심을 기울이고 내부로 끌어들이는 결정하는 복잡한 과정까지 반영한다.

　그렇다면 우리가 말하는 '지식의 총체'란 무엇을 의미할까? 이는 내적, 외적 지식의 총합뿐만 아니라 내적 지식과 외적 지식을 중재하는 관계 및 연결 등을 형성하는(그리고 결정적으로 그로부터 비롯되는) 모든 것을 의미한다. 또한 우리 내면의 완전한 풍요로움을 의미하기도 하는데, 이때 우리의 자아는 단순히 하나의 단일화된 '자아'가 아니라 훨씬 풍부하고 다원적인 것, 즉 그 자체가 내부 관계의 상호연결과 네트워크로 구성된 것으로 표현된다.

내가 제안하는 새로운 관점에 따르면, 내적 지식은 머리, 마음, 영혼 등 자아의 모든 다차원적 층위에서 비롯되는 지식으로, 지성, 생리학, 심리학, 핵심 가치관 등이 이에 해당한다. 외부 지식은, 쉽게 말해 책, 팟캐스트, 영화, 연설, 대화, 우리가 활동하는 더 넓은 사회적, 정치적, 경제적 맥락 등 다른 사람들이 알고 공유할 수 있는 것으로 간주된다. 이 두 가지를 축소시켜서 보는 것이 아니라, 그들의 풍부함과 상호 연결성을 전체적으로 파악함으로써 우리는 지식에 대한 시야를 넓히고 지식 관리에 대한 새로운 관점에 도달할 수 있다.

지식 관리에서 지식 성찰로

지식 성찰로부터 얻을 수 있는 핵심 통찰력 중 하나는 위에서 설명한 개인 지식의 구식 개념, 또 그것과 외부 세계와의 상호연결에 추가적인 영역, 즉 자아를 통합하는 것이다. 또한 결정적으로, 우리 지식의 총체에서 추론과 직관을 똑같이 중요한 측면으로 새롭게 강조한다.

따라서 우리의 내외적 지식의 총체는 우리가 외부

> 지식 성찰로부터 얻을 수 있는 핵심 통찰력 중 하나는 위에서 설명한 개인 지식의 구식 개념, 또 그것과 외부 세계와의 상호연결에 추가적인 영역, 즉 자아를 통합하는 것이다.

세계에서 염두에 두고 있는 것에서부터 '우리의 모든 것', 즉 우리의 신체, 성격(감정, 자아, 자기감 sense of self 포함), 정신(또는 인간의 핵심 가치)을 구성하는 자기 지식에 이르기까지 '우리가 아는 모든 것'으로 구성된다. 이러한 영역들로 지식을 확장하고, 외부 세계뿐만 아니라 자아를 통해 우리가 알고 있는 이 중요한 영역들을 풍부하고 지속적인 대화로 끌어들임으로써 우리는 잠재력을 최대한 발휘할 수 있다.

이는 어떤 면에서는 전통적인 지식 관리 개념을 넘어 우리가 살고 있는 세상의 복잡성과 불확실성에 더 적합한 개념, 즉 우리를 둘러싼 외부 세계뿐 아니라 내적 조화 및 충족감에도 일관성과 영향을 줄 수 있는 개념으로의 진화를 의미한다.

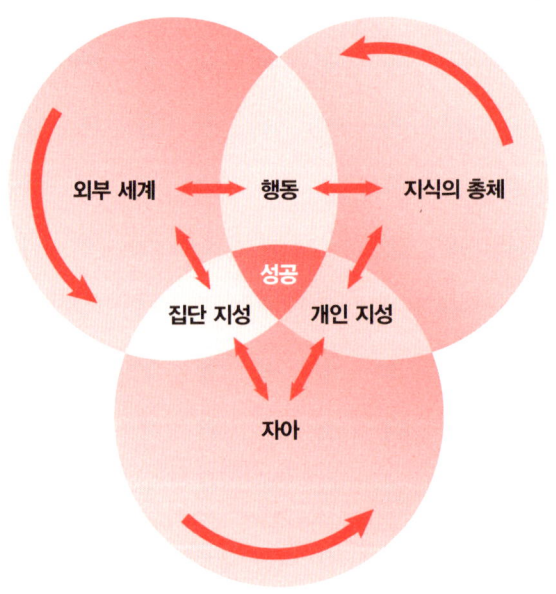

이 과정은 우리의 지식을 지배하는 내외적 역학 관계로부터의 단절을 의미하는 것이 아니다. 그것은 우리가 이제껏 무시해 온 것들을 포함해 우리가 이용할 수 있는 모든 다양한 지식 자원을 새롭게, 풍부하게, 그리고 훨씬 더 복잡하게 연결시키는 것을 의미한다.

세 번째 원을 추가함으로써, 세 영역 간에 상호 작용과 교류가 이루어지는 새로운 동적 공간도 함께 드러나게 되었다. 자아와 지식이 교차하는 곳에서 우리는 개인 지성의 창을 발견한다. 이는 우리의 가치관, 신념, 다차원적 자아를 활용해 외부 세계에서 중요한 것을 이해하고 주목하는 동시에, 힘들게 얻은 경험을 통해 깊고 개인적인 차원에서 자신을 재구성, 확장, 발전시킬 수 있는 능력이다. 교류와 변화가 일어날 수 있는 공간이지만 그 가능성을 실현하기 위해서는 신중하고 세심한 노력이 필요하다는 사실을 잊지 말자. 뷰카 세계에서는 이러한 교류가 일어날 수 있다는 사실을 아는 것만으로는 충분하지 않다. 그 어떤 것도 우연에 맡길 수 없는 것이다! 우리는 이러한 교류를 실현하고 그 어느 때보다 빠르게 이루어내야 한다.

자아와 외부 세계가 교차하는 지점에서 우리는 집단 지성, 또는 집단 지성의 창을 볼 수 있으며, 이는 사람과의 관계이든 다른 관계이든 외부 세계와의 관계에 균형감과 통찰력을 가져다줄 수 있는 잠재력을 나타낸다. 또한 우리 자신과 우리의 행동 및 특성에 대한 제3자적 관점을 활용하는 능력을 나타냄으로써 더 폭넓고 깊이 있는 자기 이해를 가능하게 한다. 집단 지성은 개인의 가치관이 보편적 진리가 아니며 다른 사고방식과 지식도 진정한 가치를 지니고 주변 세계에 영향력 있는 변화를 일으킬 수 있음을 깨닫게 되는 공간이다.

마지막으로 자아, 지식의 총체, 외부 세계가 교차하는 지점에서 우리는 내가 말하는 '성공'을 이룰 수 있는 기회를 갖게 된다. 개인 및 집단의 지성과 행동이 모이는 이 지점에서 우리는 모든 지식을 진실성, 자비, 집중, 그리고 모두의 이익을 위한 목적으로 활용할 수 있다. 스포츠 심리학자들이 '존'the zone 이라고 부르는 것과 유사하다. 즉, 지식을 효과적으로 사용하는 것이 불안하거나 걱정스럽거나 혼란스럽지 않고, 굳이 애쓰지 않아도 명확하고 즐겁고 영향력 있게 되는 공간인 것이다. 이 공간에서 리더는 유형 및 무형, 단기적 및 장기적 성공을 거둘 수 있을 뿐만 아니라 직원부터 조직, 주변 생태계와 더 넓은 세상에 이르기까지 주변 사람들의 성공을 이끌어 낼 수 있다.

이 각각의 측면에 대해서는 나중에 더 자세히 살펴보겠다. 지금은 일단 뷰카 세계의 혼돈이 우리 지식의 총체와 우리 주변 세계의 분열을 반영한다는 점을 이해하는 것이 중요하다. 실제 세상은 우리가 세상을 이해하는 데 이용하는 지식보다 더 복잡하기 때문에, 이 두 요소가 분리됨에 따라 우리는 길을 잃고, 표류하고, 소외감을 느끼기 시작한다. 세상을 이해할 수 없게 되면 불안과 두려움, 통제력을 잃고 있다는 느낌을 갖게 된다. 우리의 제한된 지식 자원만 가지고 길을 찾기란 힘든 일이다!

이것이 바로 지식 성찰이 해결하고자 하는 문제이다. 다방면에 걸친 인간의 개별적, 통합적 가치관과 정체성을 지식에 대한 논의로 다시 끌어들임으로써, 내적인 것과 외적인 것을 하나로 엮어 공통의 기준점에 고정시킬 수 있다. 그러면 전체를 하나로 모으고 리더 개인뿐만 아니라 리더의 존재와 행동에 영향을 받는 모든 사람에게 일관성과 성장을 가져다줄 수 있다.

뷰카 세계에 사는 사람들에게, 이것은 늪 한가운데에서 단단한 땅을 찾는 일과 비슷하다. 주변 세상이 끊임없이 변하고 있으므로, 당신도 변화하고 진화해야 한다. 그러나 모두가 그 필요성을 이해하는 것은 아니며, 이해한다고 해도 어디서부터 어떻게 시작해야 할지 모르는 경우가 많다. 변화하는 세상에 발맞추지 못한다는 느낌은 스트레스와 혼란으로 이어진다. 하지만 당신과 당신의 지식, 외부 세계 사이의 관계를 이해한다면 그 명확함을 나침반 삼아 나아갈 길을 찾고, 당신과 주변 세계의 변화를 능동적이고 자신감 있게 받아들일 수 있다.

아르키메데스는 지렛대와 단단한 받침점만 있으면 세상을 움직일 수 있다고 주장했다. 지식 성찰은 뷰카 세계의 혼돈 속에서도 바로 그 받침점을 제공하며, 당신(그리고 지식 성찰을 하는 다른 사람들)이 성장하고 발전할 수 있는 여지를 준다. 실제로 당신은 이러한 진화를 받아들임으로써 당신이 가진 모든 지식과 이해(그리고 주변의 신뢰할 수 있는 사람들의 지식과 이해)를 활용해 원하는 결과를 얻을 수 있다.

리더에게 지식 성찰이 필요한 이유

지식 성찰은 지식, 자아, 외부 세계 간의 역동적인 관계에 초점을 맞추어 보다 풍요로운 성공을 이끌어내는 일종의 체계이자 실천으로 볼 수 있다. 이를 통해 우리는 의식적이고 지속적으로 지식을 확장하고 발전시켜 세상의 실질적인 변화와 우리 자신의 무형적 성취를 모두 이끌어낼 수 있는 더 현명한 결정을 내릴 수 있다. 지식 성찰을 생활화하고 그에 기반한 리더십을 발휘할 때, 당신은 보다 결단력 있게 활동할 수 있으며 당신 자신과 주변 사람들을 위해 더 의미 있고 지속 가능한 성공을 이룰 수 있다.

지식 성찰은 더는 우리에게 도움이 되지 않는 단편적이고 좁은 이해에서 벗어나 우리의 관심과 이해를 전환하고, 보다 총체적인 앎의 방식에 다시 집중하여 더 만족스러운 길을 열어갈 용기를 갖는 것을 의미한다. 지식 성찰은 또한 우리의 삶을 관통하며 우리가 헤엄치고 있는 지식의 강을 자각하는 방법이기도 하다. 즉, 지식이 우리를 어디로 데려가는지를 정의하는 동시에 제한하는 강둑(구조, 조직, 규칙, 맹점, 습관 및 가정assumption들)을 인식하고 재구성하는 방법인 것이다.

그렇다면 그것은 비즈니스 리더와 그들이 운영하는 조직이 뷰카 세계에서 더 나은 길을 개척하는 데 어떻게 도움이 될까?

지식 성찰은 부분적으로는 보다 목적 지향적이고 가치 중심적인 리더십과 조직으로의 광범위한 변화를 반영한다. 밀턴 프리드먼Milton Friedman은 기업이 오로지 주주의 이익을 위해 존재한다고 주장했지만, 오늘날의 세계에서는 소비자와 투자자 모두 자신의 가치에 부합하는 기업을 점점 많이 찾고 있다. 지속 가능성, 윤리적 소싱sourcing 및 노동 관행, 직원 건강 및 웰빙 등은 오늘날의 비즈니스 세계에서 단순히 있으면 좋은 것이 아니다. 이들은 점차 지속적인 성공의 핵심

동력이 되고 있다. 개인과 조직 차원에서 이러한 가치를 이해하고 내재화하고 우선시하지 않으면 리더십의 흐름에 가치를 도입하기가 어렵다.

지식 성찰은 목적의식과 진실성을 가지고 리더십을 발휘하고 조직 안팎의 사람들과 진정한 인간관계를 형성하는 데 도움을 준다. 지식을 단순히 유지 관리와 지시가 필요한 기계적인 조직의 또 하나의 구성 요소로 보는 대신, 지식 성찰은 리더가 자신에게 가장 중요한 것을 파악하고, 다른 사람들의 관점을 끌어들여 자신의 관점을 개선하고 안내하며, 보다 의미 있고 신중한 진로를 계획하는 데 필요한 명확한 목적을 찾도록 돕는다. 지식 성찰은 지속 가능성뿐만 아니라 진화와도, 즉 우리 자신의 성장뿐만 아니라 우리가 이끄는 직원과 조직의 성장과도 관련이 있다. 이것이 바로 이 프레임워크가 여러 모로 유용한 이유이다.

다소 난해하게 들릴지 모르지만, 사실 지식 성찰은 무엇보다도 오늘날의 비즈니스에 의미 있는 성과를 낼 수 있는 더 나은 접근 방식을 제공한다는 점에서 매우 실용적이다.

뷰카 세계에서는 개인은 물론 기업에도 적응력과 혁신이 생존과 성장의 열쇠이다. 하지만 변화는 쉽지 않으며, 변화를 효과적으로 실행하는 것이 지적인 문제에만 국한되는 경우는 드물다. 이는 감정적, 정신적 문제이기도 하다. 사람, 가치, 문화와 관련된 소위 '소프트' 리더십 기술의 부족은 내부적으로나 외부적으로나 변화를 효과적으로 관리하는 데 주된 장애물이 된다. 최고의 CEO와 리더는 비즈니스의 그러한 측면에 대해 개인적으로 책임을 질 뿐만 아니라, 리더로서 하는 일들에 그 기술들을 실제로 적용하는 데 중점을 둔다. 그런 '민감한 사안'을 인사부에 맡기는 것이 아니라, 직접 달려들어 최우선 과제로 삼고 실제로 그들의 삶에 통합시킨다.

피터 드러커 Peter Drucker가 말했듯이, 문화는 전략을 아침 식사로 먹는다. 하지만 단순히 비즈니스를 통해 정보의 흐름을 최적화하는 것만으로 문화를 구축할 수는 없다. 내가 누구인지, 어디로 가고 있는지, 다른 사람이나 조직, 사회와 어떻게 연결되어 있는지, 그리고 그 여정에 다른 사람들을 어떻게 참여시키고 싶은지 등에 확고한 기반을 둔 실제적이고 인간적인 접근 방식이 필요하다.

다시 말해, 지식 성찰은 어떤 깨달음 satori을 얻고 산 정상에 당당히 앉아있는 것이 아니다. 목표, 즉 성공은 개인의 지혜, 집단 지성, 행동이 모두 교차하는 지점으로 당신과 주변의 신뢰할 만한 사람들이 보다 목적의식과 연민을 가지고 행동하여 세상과 자기 자신 안에서 강력하고 의미 있는 변화를 실현할 수 있게 해준다.

지식 성찰을 이용하면 큰 변화를 일으킬 수 있는 작은 변곡점을 찾고, 그러한 변화가 모두에게 혜택을 가져다 줄 수 있도록 하는 인간관계와 공감을 더 잘 찾아낼 수 있다. 최근에 나는 두 마리의 어린 황소가 힘겹게 무거운 수레를 끄는 모습을 본 어느 인도 학생에 관한 뉴스 보도에 감명을 받았다. 그런 모습은 인도의 여러 지역에서 흔히 볼 수 있으며 대부분의 사람들은 별다른 신경을 쓰지 않는다. 하지만 그 학생은 연민을 가지고 눈앞의 상황을 현실적으로 볼 수 있었고, 멍에를 지탱하는 바퀴 하나를 달면 황소들의 수고를 덜어줄 수 있다는 사실을 깨달았다.

그 결과, 더 쉽게 물건을 운반할 수 있을 뿐만 아니라 농부들도 가축들을 더 가치 있게 이용할 수 있는 효율적인 방법이 생겨났다. 이 사례에서 연민의 가치는 혁신을 주도하고 모두가 윈-윈 하도록 해주었다. 이는 뷰카 세계에서도 당신의 핵심 가치, 직관, 이성적 사고, 주변 세계 사이에 다리를 놓을 때 진정한 변화를 만들 수 있음을 상기시켜 준다.

더 적합한 접근 방식

이 책은 가능한 한 많은 인간 지능을 필요로 하고, 지식에 대한 사고 및 활용 방식을 바꾸기를 원하고, 직원과 조직의 보다 효과적인 지식 활용을 돕고자 하는 CEO와 기타 고위 비즈니스 리더에게 경각심을 일깨우는 동시에 실질적인 지침서가 될 것이다. 또한 차세대 전문가들과 미래의 리더들이 개인적, 직업적 목표를 파악하고 달성하는 보다 의미 있는 방법을 찾는 데 영감을 주었으면 한다. 그들이 후에 자기 커리어를 돌아보았을 때 진정한 신념을 가지고 임한 사명에 모든 것을 다 바쳤다고 생각할 수 있도록.

비즈니스 리더들이 지식 성찰에 주목해야 하는 이유는 무엇일까? 일단 CEO가 지식 성찰을 활용하지 않을 때 어떤 일이 벌어지는지 살펴보자. 예를 들어, 2014년 마이크로소프트사의 CEO 사티아 나델라 Satya Nadella가 회의실을 가득 메운 대학생들 앞에서 여성들은 정당한 보상을 받으리라는 '믿음을 가지고' 임금 인상을 요구하지 말아야 한다고 말했던 것을 떠올려보자. 그는 "그것은 좋은 업보good karma 입니다"라며 그들을 안심시켰고, 성평등에 대한 언급이나 요구를 하지 않는 것이 오히려 전문직 여성의 '슈퍼 파워'라고 덧붙였다.

당연히 나델라의 발언은 큰 반발을 불러일으켰고, 그는 개인 브랜드를 회복하기 위해 홍보 공세를 시작하고 전사적인 사과문을 발표해야 했다. 그러면 애초에 나델라는 왜 그런 서투른 말을 했을까? 내 생각에 상당 부분은, 나델라가 자기가 알고 있다고 생각하는 것에 의문을 품거나 한 발짝 물러나서 생각하지 않았기 때문인 것 같다. 그는 자신의 가치관, 특히 여성과 관련된 가치관을 면밀히 검토하여 그것이 어떤지 확인하고 바꾸어나갔어야 했다. 자신의 이해의 맥락과 토대를 의심해 보거나, 자신의 신념을 넘어 다른 사고방식을 탐구하는 지혜가 부족하면 이런 일이 일어날 수 있다.

지식 성찰에 좀 더 관심을 둔 CEO라면 처음부터 자신의 신념에 의문을 제기하고, 세상사에 대해 익숙하지만 잘못된 생각에 빠져있는 건 아닌지 자문해 보았을 것이다. 또는 청중의 신념을 존중하고 그에 대해 더 명확하게 생각하고, 자신의 지식이 다양한 삶의 경험을 가진 다른 사람들의 지식으로부터 어떻게 영향을 받아야 할까 자문해 보았을 수도 있다. 아니면 논란의 여지가 있는 발언을 하더라도 그것이 더 큰 목표를 위한 의도적이고 신중한 발언이었을 것이다.

그러나 나델라는 자신이 안다고 생각하는 바를 고수했고 결국 그에 대한 대가를 치르게 되었다. 그 뒤 며칠, 몇 주 동안 그는 자기가 안다고 생각했던 것들을 재평가하고, 자신이 간과 당했다고 느낀 사람들과 다시 소통하고, 또 위기 관리팀의 도움을 받아 이러한 배움을 그의 핵심 가치의 보다 신중한 이해에 기반한 새로운 리더십으로 전환하는 노력을 기울여야 했다.

후에 나델라는 "마음속 깊이 깨달은 점은, 그 질문의 맥락에 깊이 공감하지 못하고 내 경험만을 바탕으로 대답을 할 만큼 외부와 소통하지 못했다는 것이었습니다"라고 회상했다. "그래서 정말 말도 안 되는 대답을 하고 말았어요. 그 질문은 내게 효과적인 것, 또는 내 접근 방식에 관한 게 아니었습니다. 어떤 이들에게 어떤 체계가 효과적이지 못할 때 과연 그들은 어떻게 해야 하느냐에 대한 질문이었죠."

나델라는 이러한 성찰과 다른 사람들로부터 배우려는 노력 덕분에, 즉 개인적 지혜를 넘어서 집단 지성에 문을 열었기 때문에 스스로 자초한 대외적 재앙에서 벗어날 수 있었다. 그는 성장과 배움의 문화를 조성하고, 마이크로소프트를 사람들이 이미 답을 알고 있다고 생각하는 대신 질문을 던지는 곳으로 바꾸기 위해 노력했다. "저도 발을 헛디뎌 실수할 수 있다는 사실에 '와, 이건 정말 더 깊이 생각해 보아야 할 문제구나'라고 느꼈어요. 제 책임이 더 명확해졌습니다." 나델라는 말했다.

나델라는 실수를 통해 내면을 들여다보고 밖으로 눈을 돌릴 수밖에 없었다. 정직한 자기 평가, 타인의 눈을 통해 자신에게 다가가고 이해하려는 노력, 기존의 지식을 새로운 시각과 관점을 통해 이해하는 법을 배우려는 노력. 이것이 바로 지식 성찰의 핵심 원동력이다.

기계가 방대한 데이터 세트를 눈 깜짝할 사이에 실행 가능한 지식으로 바꿀 수 있는 빅 데이터와 인공 지능의 시대에 사람이

> **지식 성찰의 핵심 원동력은 정직한 자기 평가, 타인의 눈을 통해 자신에게 다가가고 이해하려는 노력, 기존의 지식을 새로운 시각과 관점을 통해 이해하는 법을 배우려는 노력이다.**

설 자리는 어디일까? 그 답은 오직 사람만이 할 수 있는 일에 다시 집중하는 데 있다. 기계는 데이터를 이해할 수 있지만 인간성, 연민, 비전, 창의성, 공감을 가지고 지식에 접근하는 건 사람만이 할 수 있다. 인공 지능은 본질상 세상을 '예' 또는 '아니오'로 보는 디지털이다. 사람은 '예'와 '아니오'뿐만 아니라 '아마도'까지 포함된 보다 복잡하고 전체적인 방식으로 세상을 보며, 이를 통해 기계가 보지 못하는 가능성(그리고 위협도!)을 볼 수 있다.

나델라가 놓친 바로 그것이 빠르게 변화하는 이 세상에서 성공하기 위해 모든 리더가 길러야 할 핵심 역량이다. 나델라도 이제 깨달았겠지만, 물론 지식 성찰은 단순히 달성하고 넘어가는 것이 아니라 하나의 여정이다. 하지만 이 여정을 시작하면 지식 성찰을 실천하지 않음으로써 생기는 쓰디쓴 교훈을 피할 수 있으며, 새로운 이해, 지혜 및 맥락 공감 능력을 활용해 당신과 당신의 직원들 및 조직을 새로운 차원으로 끌어올릴 수 있다. 바로 이 점이 모든 CEO가 지식 성찰을 토대로 리더십을 발휘하고 행동하는 법을 배워야 하는 가장 큰 이유이다.

지식 성찰이 중요한 이유

지식 성찰을 실천하는 리더는 대외 관계에서의 당황스러운 실수를 피하는 방법만 아는 것이 아니다. 그들은 빠르게 변화하는 오늘날의 세상에서 살아남고 번영하기 위해, 그리고 그들이 수행해야 할 다양한 역할들에 적응하고 성장하기 위해 필요한 능력과 지식 기반 역량에 대해 더 깊이 이해하고 있다.

지식 성찰을 실천하는 리더는 지식 박사이자(자신의 지식, 비즈니스, 삶 사이의 상호연결을 이해한다는 점에서) 지식 똑똑이이다(지식의 총체를 효과적이고 지능적으로 적용할 수 있다는 점에서). 지식 성찰을 탐구하면서 두 가지 특성을 모두 활용해 업무와 공동체에 확장된 지능augmented intelligence을 적용하고, 보다 의미 있는 목표를 설정하고, 이를 달성할 수 있는 방법을 배우게 된다.

가령, 혼란스러운 시대에는 비선형적인 방법으로 사고하고 변화하는 주변 세계에 대한 능동적이고 창의적인 해결책을 찾아야 한다는 사실을 이해하게 될 것이다. 이는 우리 자신의 현실을 주도적으로 창조하고, 표면을 넘어 자신의 더 깊은 목저에 부합하는 목표를 설정하며, 그 과정에서 수집하고 활용하는 지식을 유지하고 쇄신하는 것을 의미한다. 그렇게 하지 않으면 우리는 금세 지난 주에 먹다 만 빵처럼 식상해질 수 있다.

지식 성찰을 실천하는 리더는 빠르게 변화하는 세상에 적응하고 그 과정에서 자신의 가치관을 확고히 유지하는 능력을 넘어, 평생 알아가고 새로운 역할에 지속적으로 적응하는 능력을 갖추고 있다. 그들은 또한 주변 세계와 자신이 연결되어있다는 감각을 지니고 있는데, 이는 현재 외로움과 고립감 때문에 많은 젊은(또는 그렇게 어리지 않은) 직장인들이 우울증, 불안 및 기타 정신 건강 문제에 시달리고 있다는 점을 고려할 때 아주 중요한 능력이 아닐 수 없다.

이렇게 지식 성찰을 활용할 줄 아는 리더는 더 행복하고 충성스럽고 창의적인 인력을 양성하고, 자기 조직에 재능 있는 사람들을 끌어들일 수 있게 된다. 이런 리더는 자신과 자신의 상황에 대한 총체적인 관점, 현실과의 깊은 연결을 통해 세상에 엄청난 존재감을 드러낸다. 이로써 그들은 더 효과적인 리더십을 보이며 다른 사람들이 더 높은 곳에 도달하고 그들이 전략적 목표를 잃지 않고 더 단호하게 행동할 수 있도록 영감을 준다.

결론적으로, 지식 성찰은 우리 안에 있는 리더로서의 최고의 자질을 이끌어 내고 다른 사람들에게서도 최고를 이끌어 낼 수 있는 능력을 갖추어 준다. 이는 우리에게도, 조직에도 좋은 일이다. 현재 리더의 위치에 있든 언젠가 리더가 되기를 원하든 간에, 지식 성찰은 확장된 인간 중심적 접근 방식이자 성공에 필요한 도구인 것이다.

지식 성찰의 광범위한 영향

지식 성찰을 직장에서 최고의 자리에 오르거나 리더로서 탁월함을 달성하는 지름길로 여겨서는 안 된다. 그러한 일들에 도움이 될 수는 있겠지만, 지식 성찰은 단순히 더 빨리 정점을 찍기 위한 것이 아니다. 그보다는 올바른 산을 오르고 있음을, 혼자 오르고 있는 게 아님을 확인하는 것에 가깝다. 우리는 함께 힘을 합쳐야 살아남고 번영할 수 있다. 우리가 열망하는 높은 곳에 도달하고, 정상에 올라서도 우리가 누구이며 우리에게 중요한 것이 무엇인지를 알 수 있다.

엘비스를 떠올려 보자. 그는 누구도 따라올 수 없는 정도의 부와 명성, 찬사, 비평가들의 환호를 받았던 명실상부한 왕이었다. 하지만 그는 그토록 높은 곳에 오르는 동안 정말 중요한 것이 무엇인지를 잊고 주변 사람들로부터 소외되어 우울하고 불행하게 살다가 외롭게 세상을 떠났다. 그는 편집증과 분노에 사로잡혀 다리 대신 장벽을 쌓았지만, 결국 열광하는 군중이 진정한 인간관계를 대신할 수는 없다는 사실을 깨달았다. "엘비스 프레슬리로 사는 데 너무 지쳤어요." 왕은 듣는 사람마다 말했다. "저 사람들은 나를 개인적으로 사랑하지 않아요. 내 안에 무엇이 있는지 모르죠."

이와는 대조적으로, 스티브 잡스를 생각해 보자. 이 애플 창업자는 사람들과 잘 어울리는 것 같지는 않았다. 사실 그는 무뚝뚝함과 이기주의로 유명했고, 정상에 오르는 동안 많은 사람들을 화나게 하고 소외시켰다. 하지만 한 인간으로서, 또 리더로서 성장하면서 그는 덜 경직되고 덜 고립되는 동시에 자신의 목표에 더 집중하고 생활방식과 리더십에 있어서 더 너그럽고 외향적으로 변모해 갔다. 특히 그는 말년에 건강이 나빠지면서 놀라운 공감 능력을 보여주었고, 자신의 한정된 시간과 에너지를 문제에 직면한 다른 사람들을 돕는 데 쓰려고 노력했다.

엘비스와 스티브 잡스가 그렇게 다른 궤적을 그리게 된 이유는 무엇 때문이었을까? 잡스의 경우 그것은, 내가 수년 전 쿠웨이트를 떠났을 때와 마찬가지로, 불확실한 세상에서는 가장 중요한 것이 사실 전혀 중요치 않은 것일 수 있다는 깨달음이었다. 잡스가 즐겨 말했듯이, 목표는 묘지에서 가장 부유한 사람이 되는 것이 아니다. "넓게 보면, 목표는 깨달음을 추구하는 것이다. 이는 당신의 정의에 따라 달라진다."

하지만 문제는, 지식과 지식 관리에 대한 기존의 이해로 뷰카 세계에 갇혀서는 깨달음을 얻을 수 없으며, 심지어 의미 있는 방식으로 깨달음을 정의할 수도 없다는 사실이다.

직장, 개인 생활 및 당신이 중요하게 여기는 다른 분야에서 더 높이 올라가려면 의식적으로 지식과 이해를 통합적인 방식으로 발전시키고 확장하여 자신과 주변 세계 및 그 둘 사이의 상호연결을 더 잘 파악해야 한다. 자신이 누구인지, 자신에게 무엇이 중요한지, 그리고 자신의 가장 깊은 욕구와 욕망, 신념이 무엇인지 이해하기 위해 노력할 필요가 있다. 또한 다른 사람들에게 다가가 배우고 얻은 만큼 나누고 가르칠 수 있는 길을 찾아야 세상에 영향을 미칠 수 있을 뿐만 아니라 자신의 자아와 정체성을 심오하고 의미하지 않는다.

내가 말하는 '성공'은 단지 산 정상에 도달하는 것만을 의미하는 것이 아니다. 나에게 '성공'은 어딘가에 도달하는 것보다는, 그곳에 다다랐을 때 무엇을 보고 그것을 자신과 다른 사람들을 위해 어떻게 가치 있게 이용하는지에 관한 것이다. 이는 특정한 노력에서의 가시적인 성공을 의미할 수도 있고, 현재의 혼란 속에서 기쁨과 평정심, 침착함을 유지하는 방법을 찾는 것과 같은 무형의 가치를 의미할 수도 있다. 지식 성찰은 궁극적으로, 다른 사람을 코칭하고, 그들의 요구에 귀를 기울이고, 실질적인 혜택을 제공하는 데 초점을 맞춘 새로운 리더십 역할을 시작하도록 우리에게 영감을 준다. 결론은 사람들이 직장에서나 한 인간으로서나 발전하고 성장할 수 있도록 지원하며, 그 과정에서 우리도 진화하고 성장하게 된다는 것이다.

결정적으로, 우리 모두가 함께 헤엄치지 않으면 홀로 익사한다는 생각을 기반으로 다른 사람들의 지식 성찰을 일깨우는 법도 배우게 될 것이다. 조직을 통합하여 성공을 이끄는 동시에 조직을 구성하는 요소들의 고유성을 인정하고 육성하는 법을 배울 것이다. 결국, 아무리 높이 올라갈 수 있는 지식이 있어도 목적지에 도착했을 때 혼자라면 아무 의미가 없다. 지식 성찰은 기본적으로 자신 및 다른 사람들과 더 깊이 연결되는 것이며, 머리와 마음, 영혼으로 더 깊이 연결되고 집단적 지식을 의미 있는 행동으로 전환함으로써 조직의 잠재력을 최대한 발휘할 수 있다.

이어지는 장들에서는 이 모든 영역에 대해 더 자세히 살펴볼 것이다. 2부에서는 지식의 다양한 구성 요소, 우리 자신, 외부 세계를 더 자세히 살펴보고, 3부에서는 다시 한 걸음 물러나 이 요소들이 어떻게 하나의 엔진으로 작동하는지 살펴보겠다. 다양한 요소들을 상세히 들여다보고 더 잘 이해하기 위해 노력하는 것은 보람 있는 일이지만, 이 요소들이 서로 연결되어 하나의 응집력 있는 전체로 통합될 때 진짜 마법이 일어난다는 점을 기억하도록 하자.

2부

줌인: 지식 성찰의 요소들

지식 이해하기

　누군가가 아무 생각 없이 "알아요!" 또는 "몰라요!"라고 말하는 것을 몇 번이나 들어보았나? 항상 지식을 사용하는 우리로서는 지식이 무엇이며 어떤 기능을 하고 실제로 어떻게 작동하는지 등, 지식 자체를 제대로 파악하는 일이 오히려 매우 어려울 수 있다.

　지식의 개념을 심도 있게 파헤쳤던 최초의 철학자 중 하나인 플라톤은 그 주제가 얼마나 난해한지, 그리고 실제로는 수박 겉핥기에 불과한데도 지식을 이해했다고 생각하기가 얼마나 쉬운지를 인식했다. 당신이 동굴 안에 살고 있다고 상상해 보자. 당신의 모든 인식과 관념은 벽에 생겼다 없어졌다 하는 그림자들뿐이다. 플라톤은, 진정한 현실은 우리가 진실이라고 착각하는 그림자를 드리우는 동굴 밖에 있다고 썼다.

수많은 사상가들이 지식을 추구하고, 정의하고, 이해하려고 노력해왔다. 그들은 지식에 대한 끝없이 다양한 정의와 해석을 우리에게 물려주었으며, 그 각각은 지식이 정당성 있는 참된 믿음이라는 플라톤식 개념에서부터 단순히 경험에서 얻은 이해에 이르기까지, 사람들이 지식을 보거나 이해하는 다양한 방식을 반영한다. 실제로 학자들은 지식이 무엇이고 어떻게 작동하는지 설명하기 위해 '인식론'이라는 학문 전체를 만들어냈다.

심지어 지식의 언어학조차도 매우 다양하다. 프랑스에서는 안다는 것이 개인적으로 아는 것인지("짐을 아세요?") 아니면 책에서 배운 내용을 아는 것인지("이 동사의 변화형을 아세요?")에 따라 코네트르 connaître나 사부아 savoir로 나뉜다. 고대 그리스 단어 그노시스 gnosis는 전자가 의미하는 지식을 뜻할 때도 있지만 영적인 통찰력을 의미하기도 하며 'cognition 인지'와 같은 현대 영어 용어의 근원이기도 하다. 한편, 산스크리트어로 지식을 뜻하는 단어인 베다 veda는 '보다'를 의미하는 초기 인도유럽어 단어('비전'과 '지혜'라는 단어의 어원과 같음)에서 유래했으며 일종의 진정한 시각 또는 깊은 이해력을 의미한다.

다행히 비즈니스 리더는 철학이나 언어학 박사 학위 없이도 심오하고 의미 있는 방식으로 지식을 활용할 수 있다. 사실 우리가 지식에 대해 생각할 때 우리를 잘못된 길로 이끄는 것 중 하나는 지식을 하나의 의미로 고정시키고자 하는 충동이다. 지식이 오직 학습된 정보만을 의미한다고 믿고 그 밖의 지식에 눈을 감는다면, 그 과정에서 너무도 많은 것을 잃게 될 것이다. 그러므로 우리는 '지식이란 무엇인가?'가 아니라 '지식이 내가 생각하는 것 이상이라면 어떨

지식이 오직 학습된 정보만을 의미한다고 믿고 그 밖의 지식에 눈을 감는다면, 그 과정에서 너무도 많은 것을 잃게 될 것이다.

까?' 또는 '내가 직면한 문제나 내려야 할 결정에 어떤 종류의 지식이 가장 효과적일까?'라는 질문을 던져야 한다.

이런 편견 없는 질문은 오늘날의 조직과 오늘날의 리더들에게 매우 중요하다. 아르메니아의 신비주의자 게오르기 구르지예프^{George Gurdjieff}는 우리에게 "동양의 이해와 서양의 지식을 취하라. 그리고 구하라."라고 말한다. 현대인의 귀에는 동양과 서양을 나누는 것이 좀 부자연스럽게 들릴 수도 있다(저는 중동 출신인데 어쩌라는 거죠?!). 하지만 '서양의' 합리주의와 '동양의' 정신주의 모두에서 가치를 찾을 수 있으며 그 둘 다 더 넓은 탐구 과정의 출발점일 뿐이라는 구르지예프의 지적은 여전히 일리가 있다.

내 생각에, 구르지예프가 말하고자 하는 것 중 하나는 호기심과 탐구에서 찾을 수 있는 기쁨의 재발견이다. 부모로서 나는 항상 생일을 좋아했다. 정성스럽게 포장된 선물을 뜯는 이이가 느끼는 기쁨보다 더 순수한 것은 없을 것이다. 하지만 그 흥분은 사실 도파민이 우리의 시냅스를 통과해 보상 중추를 자극한 결과로 나타나는 자연스러운 반응이며, 바로 이 반응이 우리를 앞으로 나아가게 하고 성장과 새로운 경험을 추구하도록 유인하는 것이다.

오늘날 대부분의 사람들이 지식에 대해 생각하는 방식에서 그러

한 스릴은 사라졌다. 사람들은 조직된 데이터에 불과한 정보를, 비교적 더 복잡한 맥락과 의미를 포괄하는 지식과 혼동한다. 이처럼 그들은 지식을 교육의 결과물, 즉 수많은 날짜들이나 원소 주기율표를 외우는 것에 불과한 것으로 여긴다. 이러한 관점에서 본 '지식'은 다소 지루하고 의무적인 것으로 보이며, 때로는 유용할지 모르지만 재미나 흥미를 주지는 못한다.

이 장에서 나의 핵심 목표 중 하나는 지식의 의미를 다시 생각해 보고 사라진 흥미의 불꽃이 다시 타오르도록 돕는 것이다. 뷰카 세계에서 점점 쓸모가 없어지고 있는 교육 기관에서의 편협한 학습뿐만 아니라, 우리가 살면서 겪는 일들 전반에 걸쳐 지식을 경험하는 더 광범위한 방식 또한 중요하다. 이 관점에서 보면 지식은 좁거나 고립되거나 지루한 것이 아니다. 지식은 살아있는 시스템, 즉 끊임없이 재구성되는 다양한 노드와 연결로 이루어진 네트워크이다. 이 관점에서 보면 지식은 세상, 타인, 자기 자신과 소통하고 그 모든 것들을 총체적이고 포괄적인 목적의식과 에너지로 융합시키는 자발적이고 짜릿한 과정이다.

이제부터 우리가 살펴볼 지식은 단순히 정보 패키지들을 소비하는 것이 아니다. 호기심과 비판적 태도로 포장을 뜯고, 그 패키지의 안을 들여다보고, 한 패키지와 다른 패키지 사이의 새로운 연관성을 발견하고, 우리가 새로운 연결고리를 만들 때마다 생겨나는 새로운 불꽃을 만끽하는 것이다. 이제는 우리 안의 어린아이에게 대체 무슨 일이 있었는지 물어볼 때이다. 어떻게 해서 우리는 지식을 지루하게 쌓아가기만 할 뿐 놀이하고, 질문하고, 발견하는 것을 멈추게 되었을까?

문제의 일부는, 우리가 자연스러운 호기심과 발달에 대해 스스로 정해둔 한계에 지배를 받았기 때문일 것이다. 나는 학생들을 가르칠 때 바보 같은 질문이란 건 없다고 말한다. 어린 아이들은 대부분 그것을 이해해서 질문하고 대답을 듣는 것을 즐긴다. 하지만 나이가 들면서 우리는 그런 용기를 잃는다. 질문하기를 멈추고 창피당할 것이 두려워 움츠러든다.

이는 마치 진흙탕 길 위의 자전거와 같다. 처음에는 아무런 제약 없이 쌩하고 출발하지만, 인생을 살아가면서 우리의 머릿속에는 마치 자전거 바퀴에 진흙이 달라붙듯 허용되는 것 또는 세상이 어떻게 돌아가는지에 대한 생각들이 점차 쌓여가게 된다. 가정에서, 학교에서, 사회에서, 우리는 허용되는 것과 그렇지 않은 것, 가능한 것과 불가능한 것을 배우며 그것이 세상에 대한 우리의 인식을 흐리게 만든다. 결국 우리는 자꾸만 둔화되어 호기심과 기쁨을 잊고, 새로운 가능성을 받아들이기보다는 틀에 박힌 삶을 살게 된다.

지식 성찰로 가는 길은 이와 비슷하게 느껴질 수 있다. 리더로서 우리는 모두 지식이 무엇인지 안다고 생각한다. 얼마나 많은 책을 읽었는지 또는 이 문제에 대해 얼마나 많은 생각을 했는지에 따라 '사고방식'이나 '정신 모델', '생각'이나 '학습', 혹은 심지어 '지능'과 같은 것들을 지식의 예로 제시할 수도 있다.

플라톤의 동굴에 사는 사람들이 인식한 그림자가 현실의 희미한 반영에 불과했던 것처럼, 그것들 역시 틀린 것은 아니나 완전하지도 않다. 이어지는 내용을 통해 당신이 현재 지식에 대해 이해하고 있는 바가 실제로 존재하는 지식의 일부일 뿐이라는 점을 받아들이게 되기를 바란다. 지식에 대한 정의를 확장하고 지식의 총체는 무엇인지에 대해 좀 더 깊이 생각해보기를 바란다. 지식은 우리가 깊이 이해해야 할 복잡한 시스템이다. 그러므로 아무리 그것이 우리가 지금 탐구 중인 더 넓고 전체적인 틀의 필수 요소이더라도, 지금 한 장을 할애하여 살펴보는 것이 옳다고 생각한다.

이는 오늘날의 조직들에게 매우 중요한데, 뷰카 세계에서는 틀에 박혀있을 여유가 없기 때문이다. 내년의 도전은 작년이나 올해의 도전과는 전혀 다를 것이다. 지식에 대한 우리의 이해마저도 변할 것이며, 우리가 지식을 계속 발전시키고 우리에게 더 도움이 되는 복잡한 형태로 진화시키지(의도적으로, 호기심을 가지고, 꾸준히) 않는다면 오늘의 천재는 내일의 바보가 될 것이다.

지식은 살아있는 시스템

수피교 **Sufi | 이슬람 신비주의 종교-옮긴이**에는 먼지 속에서 반짝이는 동전 하나를 발견한 네 명의 거지가 그것을 어떻게 쓸 것인지를 두고 싸우는 이야기가 전해 내려온다. 첫 번째 거지인 페르시아인은 그 돈으로 앙구르**angur**를 사자고 말한다. 두 번째 거지인 아랍인은 "아니, 이나브**inab**를 사야 해"라고 말한다. 그러자 튀르키예 출신인 세 번째 거지가 "이나브라고? 말도 안 돼. 우리에게는 위쥠**üzüm**이 필요해"라고

말한다. 네 번째로 그리스인이 "헛소리 말아. 스타필리아 stafylia를 사야지"라고 말한다. 다행히도 여러 나라 말을 아는 지나가던 행인이 싸움을 말린다. "멍청한 사람들 같으니. 그만들 싸우고 친구들 말을 제대로 들어봐요. 앙구르, 이나브, 위쥠, 스타필리아는 전부 포도를 뜻하는 말들이라고요!"

그 거지들은 지식이 있었다. 각자 원하는 것을 알고 있었고, 다른 거지들이 원하는 것의 이름도 알았다. 하지만 눈앞의 문제를 해결하는 데 필요한 수준의 이해는 없었다. 지나가던 행인이 그들의 단편적인 이해를 통합한 더 복잡하고 상호 연결된 지식을 기반으로 더 높은 수준의 이해를 제공해 주었을 때에야 비로소 해결책이 드러났다.

이제부터는 이런 수준의 이해를 지식 성숙 knowledge maturity이라고 말하겠다. 이는 지식 및 그 지식에 대한 이해의 풍부함, 특히 단순하고 획일적인 것이 아니라 복잡하고 다양한 것까지 포괄하는 지식의 풍부함을 나타내는 용어이다. 지식의 여러 요소들 간의 노드와 연결은 복잡하고 혼란스러워보일 수 있지만, 실제로는 그러한 연결을 활용하고 반복을 통해 이를 다양화 및 강화함으로써 지식 성숙도를 높이고 우리의 지식과 이해를 더 든든하고 탄력적이고 강하게 만들 수 있다.

물론 조직 전반에 걸쳐 리더십을 발휘하고 지식을 효과적으로 활용하는 새로운 방법을 모색할 때는 더 많은, 혹은 더 나은 지식뿐만 아니라 우리가 직면한 특정 과제에 적합한 지식을 찾아야 한다. 경영주라면 열등채보다는 트리플A 등급에 하는 투자를 선호할 것이다. 우리도 지식의 범위 확장뿐 아니라 다른 모든 요소 간의 연결을 이해하고 강화함으로써 지식 포트폴리오를 개선하고 트리플A 등급의 지식을 원하는 대로 이용할 수 있도록 해야 한다.

지식을 구체화하고, 정의하고, 제한하려는 노력으로는 그 지점에 도달할 수 없을 것이다. 대신 우리가 이용할 수 있는 지식의 총체를 기꺼이 받아들이고 수용해야 한다. 이는 우리 지식의 복잡하고 풍부한 면을 보고, 지식을 사실과 정보의 단순한 축적이 아니라 역동적인 시스템으로 이해하는 것을 의미한다.

칠레의 생물학자 움베르토 마투라나 Humberto Maturana와 프란시스코 바렐라 Francisco Varela에 따르면, 모든 살아있는 유기체는 근본적으로 인지 과정에 관여한다. 그들은 "생명 시스템은 곧 인지 시스템이며, 삶의 과정 자체가 인지의 과정이다"라고 주장한다. 산티아고 인지 이론 Santiago theory of cognition으로 알려진 이 놀라운 통찰은 지식과 앎 자체가 어디에나 존재하며, 모든 생명체의 모든 측면에 존재함을 알려준다. 즉, 지식은 우리 모두가 헤엄치고 있는 물이며, 생명 그 자체처럼 어디에나 존재하는 것이다.

지식, 그리고 그와 관련된 인지 과정이 우리 세상에 얼마나 스며들어있는지를 보면, 지식 체계 자체가 강력한 교차 수분과 번식, 진화의 과정에 의해 끊임없이 움직이는 살아있는 역동적인 체계임을 직감할 수 있을 것이다. 지식 성찰은 우리가 이러한 과정을 인식하고 조정하도록 하며 우리의 지식, 우리 자신, 우리의 환경을 지속적이고 역동적이며 활기찬 상호 작용으로 이해시킨다.

이를 수용하면 보이지 않는 곳에서 작동하던 이러한 과정이 눈앞에 드러나게 되고, 지식 체계의 모든 측면을 의식적인 개입과 변화가 가능하게 만들 수 있다. 우리 지식을 더 큰 생명 시스템의 일부인 하나의 생명 시스템으로 보면, 신중한 가지치기와 모양 만들기, 활용을 통해 그것이 속한 시스템 전체가 번성하고 번영하도록 할 수 있다.

이것은 우리가 지식의 총체를 이해하는 데 어떤 의미가 있을까? 우리 지식의 총체에는 분명 데이터, 정보, 책에서 배운 것들이 포함되어 있다. 나는 다른 많은 분야들 중에서도 컴퓨터 과학을 수년간 공부했고, 내 머릿속에는 컴퓨터 디자인의 역사부터 다양한 프로그래밍 언어의 사용에 이르기까지 컴퓨터와 관련된 모든 것에 대한 사실과 이론이 가득하다. 하지만 이것들을 다 합친다고 해서 내 지식의 총체라고 할 수 있을까? 전혀 그렇지 않다! 내가 아는 것들 중에는 의식적이고 이성적인 지식에 포함되지 않는 것들도 많으니까.

사실 우리가 오감을 통해 의식적으로 습득하고 처리하는 지식은 빙산의 일각에 불과하다. 수면 아래에서도 많은 일들이 일어나고 있다. 나는 우리의 지식이 세 가지 주요 원천에서 비롯된다고 본다. 그것은 바로 우리의 의식적 마음(그리고 우리가 오감으로 받아들이는 모든 것에 대한 이성적 해석), 잠재의식적 마음(그리고 생각 없이 떠오르는 연습된 지식이나 반사적 지식의 매개), 그리고 무의식적 마음(그리고 정말 본능적이고 우리 DNA의 일부인 깊은 내면 속 영적 가치의 표면화)이다.

우리의 잠재의식적 지식과 무의식적 지식이 합쳐져 직관 intuition 이라는 것이 된다. 이는 우리의 의식적 마음과 이성적 사고가 관여하는 힘든 과정 없이도 일을 처리하게 해주는 재빠른 예감, 반사, 통찰, 그리고 직감을 말한다. 뷰카 세계에서 그것은 중요한 자산이다. 지식 성찰을 실천하는 리더는 이를 느리고 신중한 앎의 방식 대신으로 여기기보다는, 우리 지식의 더 넓은 생명 시스템의 중요한 부록으로 적절히 활용한다.

직관 이해하기

잠재의식과 무의식은 서로 밀접한 연관이 있어서 가끔 우리는 둘을 혼동하기도 한다. 잠재의식은 제2의 본성이 될 정도까지 리허설, 연습, 또는 내면화된 축적된 지식으로 일종의 '깊은 기억'을 나타낸다는 사실을 기억해야 한다. 이 깊은 기억을 이용하는 법을 배우려면 이성적 과정뿐만 아니라 감정적 과정도 감안해야 한다. 우리가 느끼는 감정은 기억하는 과정과 깊게 연관되어 있으므로 잠재의식적 지식을 최적화 및 활용하려면 그 감정적 과정을 길들이고 통제할 필요가 있다.

모국어로 된 문장을 읽으면 문법적 오류를 즉시 발견할 수 있다. 하지만 대부분의 사람들은 왜 그 문장이 틀렸는지를 명확히 설명하지 못한다. 마이클 폴라니**Michael Polanyi**가 말했듯이, "우리는 우리가 말할 수 있는 것보다 더 많은 것을 알고 있다." 우리의 가장 강력한 지식 대부분이 바로 이 범주에 속한다. 언어를 사용하는 것처럼 지식은 오래 사용하고 연습할 수록 기억 속에 더 깊이 새겨지며, 의식적 사고를 할 필요 없이 빠르게 활용할 수 있는 잠재의식적 지식이 되기도 쉽다

(단점은, 잠재의식적 지식은 '잊어버리기'가 어렵기 때문에 이렇게 뿌리 내리도록 하는 지식에 대해서는 주의를 기울이고 성찰할 필요가 있다).

잠재의식이 경험에 뿌리를 둔 지식을 포함하고 있다면, 무의식은 우리의 진정한 자아, 핵심 가치관, 영적 DNA처럼 내면에서 샘솟는 지식을 말한다. 이해하기 어렵게 느껴질 수 있지만, 무의식은 지식과 관련된 우리의 본질이다. 여기에는 우리의 가장 간절한 필요와 욕구에서부터 가장 높은 인간적 가치에 이르기까지, 우리 존재의 청사진이 담겨있다. 운전 기술은 잠재의식에 의존하겠지만, 올바른 길을 걷도록 해주는 것은 무의식이다.

인간인 우리는 사물을 세분화하고 분류하는 것을 좋아하지만, 실제로는 이런 다양한 요소들이 함께 작용하여 우리 지식의 총체를 형성한다. 우리의 의식적 마음, 기억과 잠재의식, 무의식에서 샘솟는 마음속 깊은 곳의 가치관이 혼합되어 우리가 무엇에 주의를 기울이고 외부 세계로부터 어떤 정보를 끌어들이는지를 결정한다. 따라서 직관은 지식의 총체를 확장하는 데 매우 중요한 역할을 한다. 수피교 이야기에 나오는 행인처럼, 직관을 잘 활용하면 흩어져있던 정보와 의식적 지식을 통합하고 이해하기가 한결 쉬워지고 가장 필요한 순간에 새로운 해결책이 빠르게 떠오른다. 당신의 지식은 표면적으로 드러나는 정보 및 분석보다 훨씬, 훨씬 많다. 직관은 당신의 의식적 마음이 이 깊은 우물에서 물을 퍼마시는 것과 같으며, 확고한 기억과 깊은 인간적 통찰력이 샘솟아 당신을 안내하는 방식이다.

이것은 끊임없이 오가는 과정이다. 이런 의미에서 지식은 계속 순환하는 일종의 인지 에너지라 할 수 있다. 외부 세계와의 관계를 통한 상호작용, 또 잠재의식 및 무의식적 지식과의 관계인 '내면의 렌즈', 즉 직관을 통한 상호작용이 이루어진다. 우리는 인지 능력을 활용하여 지식을 쌓고 사용함으로써 이러한 순환 과정을 촉진하고, 오래된 기억을 떠올리고 다시 새기며, 우리의 핵심 가치관을 재조명하여 그 중요성을 재인식하고, 우리 지식의 총체를 지속적으로 확장하고 쇄신한다.

지식의 총체 확장하기

직관을 사용할수록 직관은 강해지며, 가장 필요한 순간에 직관을 사용함에 있어서 더 큰 자신감이 생기는 선순환이 일어난다. 뷰카 세계에서는 추론하고 숙고할 시간이 거의 없으므로 지금부터 이러한 근육을 키워야 가장 필요할 때 직관에 의존하여 빠르고 효과적인 행동을 취할 수 있다. 기거렌처 **Gigerenzer**는 "무의식의 지성은 생각하지 않고도 아는 데 있다"라고 말한다.16 여기서 생각을 하지 않는다는 말은 지식의 부재가 아닌 의식적 사고의 부재를 의미한다. 이성적 사고를 할 때는 들어오는 정보를 처리하고, 이를 기억에서 되찾은 정보와 연결시켜 분석하여 지식을 구축한 다음 최종적으로 행동해야 한다. 직관적 지식이 있으면 그 과정을 뛰어넘어 바로 행동에 나설 수 있다.

다른 연구자들은 이성적 사고를 뛰어넘어 빠르게 해결책을 찾는 능력에 주목했다. 안토니오 다마지오 **Antonio Damasio**는 이것을 "문제에 대한 추론 없이도 문제 해결에 도달하는 신비한 메커니즘"이라고 부르는데, 이 메커니즘은 의식적인 노력만큼이나 감정에 의해서도 전달된다. "중간 단계에 대한 지식이 반드시 없는 것은 아니며, 단지 그 감정이 너무 직접적이고 빠르게 결론을 내리기 때문에 많은 지식을 떠올리지 않아도 되는 것"이라고 덧붙인다. 내가 여기서 말하는 무의식적 지식을 다마지오는 "필요한 지식이 부분적으로 숨겨진 상태에서 감정과 과거의 관행 덕분에 빠르게 인지하는 것"으로 본다.

하지만 다마지오가 놓친 것은 직관의 과정에서 무의식의 중요성이다. 우리가 뷰카 세계를 탐색하며 '빠른 인지'를 효과적으로 활용하고 현명하고, 효과적이고, 믿을 만한 결정을 내리기 위해서는 감성적 지능과 영적 지능이 모두 필요하다. 이는 기존 서구의 과학적 지식 개념과 상충하는 것처럼 보일 수 있지만, 실제로는 전통적인 서구 과학을 우리의 지식 전체에 적용한 것일 뿐이다. 우리는 합리성을 중시하는 실증주의적 전통 속에서 자랐기 때문에 직관, 감정, 가치와 같은 '모호한' 개념을 합리적인 방식으로 다루기보다는 무시하는 경우가 많다. 아이러니하게도 그러한 생각들에 대한 우리의 감정적 반응은 명확하게 생각하고 현명하게 행동하는 것을 방해하곤 한다!

다시금 생각해볼 때 우리가 말하는 지식의 총체란 무엇을 의미할까? 바로 우리의 의식, 잠재의식, 무의식에서 비롯되는 모든 것이다. 이성적, 의식적 마음은 기껏해야 절반에 불과하며, 그 표면 아래에서는 더 많은 일이 일어나고 있다. 직관은 주된 것은 아니지만 강력하며, 세상에 대한 우리의 인식과 상호작용을 형성한다. 한편, 의식적 마음은 우리의 지성을 발전시키고 잠재의식적 처리의 틀이 되는 선택을 하는 곳이다. 우리 지식의 총체는 (분명) 우리가 아는 것이다. 하지만 그것은 우리가 우리의 현실, 즉 외부 세계와 우리 자신의 정체성, 주변 사람들과의 관계의 본질을 보는 렌즈이기도 하다.

우리에게 필요한 양질의 지식과 뷰카 세계에서 성공하는 데 필수적인 신속한 지식 자원을 확보하기 위해서는 지식의 모든 측면을 확장하고 진화시켜야 한다. 이는 새로운 지식을 구축하고 우리 내부와 외부 세계와의 새로운 연결을 만들기 위해 항상 자각하고 정보 및 데이터 이용 방식을 업그레이드하는 것을 의미한다. 즉, 잠재의식적 지식을 더 빠르고 효과적으로 떠오르도록 하기 위해 기억 회상 능력을 강화하는 것이다. 또한 우리의 핵심 가치관을 활용하고 강화하여, 후에 우리를 안내해 줄 무의식적 마음을 훈련하는 것이다.

오해하지 말 것은 여기서는 양뿐만 아니라 질도 중요하다는 것이다. 단순히 더 많은 지식을 얻는 것이 아니라 더 복잡하고 상호 연결된, 그래서 더 유연하고 뷰카 세계에서 직면하는 상황에 더 적합한 지식을 얻는 것이다.

우리 지식의 총체를 드러내기

우리가 지식의 총체를 수용하는 과정에서 경험하는 확장은 더해지는 것이 아니라 곱해지는 것, 심지어는 기하급수적인 확장임을 이해하는 것이 중요하다. 우리 지식이 더 촘촘히 연결됨에 따라 한 영역에서 지식이 향상되거나 이해가 깊어지는 파문이 일면서, 우리의 지식 및 이해의 다른 여러 측면들에도 새로운 빛을 비추게 된다.

즉, 지식의 총체에 접근하고, 지식을 관통하는 연결고리를 더 추가하고 강화하는 법을 이해하고 배우는 것은 사용하는 단어의 소리뿐만이 아니라 의미를 아는 것만큼이나 혁신적인 일이다. 이는 세상을 단편적이 아니라 전체적으로 보는 완전히 새로운 방식을 열어주며, 이를 통해 전에는 해결하기 어려웠던 문제들의 새로운 해결책을 찾을 수도 있다.

이 교훈이 비즈니스 세계에 어떻게 적용되는지는 쉽게 알 수 있을 것이다. 우리 지식의 총체는 공통의 관심사를 가진 파트너와, 단순히 경쟁에서 앞서려고 애쓰는 대신 파트너로 전환해야 할 라이벌을 식별하는 데 도움을 준다. 이는 우리 자신의 필요(그리고 필요한 이유도!)는 물론 상대방의 필요까지 이해하는 데 도움을 주어 최선의 거래가 성사되도록 한다. 또한 우리가 지식이 더 자유롭게 흐를 수 있도록 하는 연결들을 인식하고 활용하고 강화하도록 하며, 우리의 조직과 주변 세계에 미치는 영향을 통해 지적 성숙도를 높이고 드러낼 수 있도록 도와준다.

그러나 행동 없는 지식이 쓸모없듯이 통찰과 직관 없는 이성적 지식은 불완전하다(물론 그 반대도 마찬가지이다). 우리는 잠재력을 최대한 실현하기 위해 우리 지식의 총체를 모두 드러내고 통합해야 한다. 당신의 지식, 즉 지식의 총체에 내재된 힘을 여는 열쇠를 찾으면 전에는 상상할 수 없었던 방식으로 역량을 발휘할 수 있다.

특히 비즈니스 세계에서의 지식 구축에 관한 한 너무 오랫동안 의식적·이성적 측면이

> 비즈니스 세계에서는 셀 수 있고, 수량화할 수 있고, 스프레드시트에 입력하거나 파워포인트로 만들어 투자자에게 보여줄 수 있는 경우에만 실제처럼 보인다. 하지만 실제로는 이성적 지식과 직관적 지식 모두 중요하다.

우선시되고 직관적 측면은 무시되어 왔다. 그 이유는 뻔하다. 비즈니스 세계에서는 셀 수 있고, 수량화할 수 있고, 스프레드시트에 입력하거나 파워포인트로 만들어 투자자에게 보여줄 수 있는 경우에만 실제처럼 보이기 때문이다. 이사회나 VC^{벤처캐피털} 파트너에게 당신의 직감이나 예감을 진지하게 받아들여달라고 한다면 당신은 웃음거리가 될 것이다. 하지만 실제로는 이성적 지식과 직관적 지식 모두 중요하며 이 둘은 서로 다른 종류의 상황을 관리할 수 있는 능력을 갖추게 함으로써 서로를 보완한다.

이러한 사고방식에서 벗어나 지금까지 대부분의 사람들이 따라왔던 편협한 해석과는 반대되는 지식의 총체를 리더로서 직면한 도전에 적용하려면 다음 7가지 사항을 염두에 두어야 한다.

1. 직관이 그 어느 때보다 중요하다

복잡한 시스템은 분석적 사고와 추론으로는 이해하기 어려울 수밖에 없다. 하지만 혼돈스러운 시스템은 이해하기가 더 어렵다. 전체를 파악하기가 전혀 불가능하거나, 그 시스템에 대해 거의 모든 것을 알고 있다 해도 예측이 안 될 수 있다. 혼돈 이론은 브라질 나비의 펄럭

이는 날갯짓이 텍사스에 폭풍을 일으킬 수 있다고 말하지만, 뷰카 세계에는 마치 나비의 집으로 이사온 것과 같다. 사방에서 날개들이 펄럭이고 혼돈이 우리 주위에 가득해서, 우리의 분석적 정신과 의식적 지식으로는 도무지 감당할 수가 없다.

따라서 이때는 우리 직관의 확장, 내면적 지식에 대한 자각 및 감수성, 무의식적 마음과 잠재의식적 마음이 절실히 필요하다. 이는 단순히 더 많이 아는 것이 아니다. 다르게 알고, 우리의 원시적 인지 기능을 넘어 문제를 이해하고 해결하는 다른 방법을 찾는 것이다.

세상이 복잡하다 보니, 간단한 답을 찾고 모호함이나 불확실함을 그냥 무시해버리고 싶은 유혹에 빠지게 된다. 단순함은 유혹적이지만 환원적이기도 하다. 지식 성찰을 실천하는 리더는 지식이 복잡함에 대처하고, 모호함과 불확실함을 그냥 무시하지 않고 직면할 수 있을 만큼 강력하다는 것을 안다. 지식은 경직된 것이 아니다. 부서지는 대신 휘고, 배제하는 대신 흡수한다. 편협한 지식의 깨지기 쉬운 안락함을 추구하기보다는 지식의 유연성을 받아들이고 지식의 총체를 극대화하는 리더라면 더 책임감 있고 영향력 있는 해결책을 찾을 수 있을 것이다.

2. 우리는 속도가 필요하다

뷰카 세계의 변화무쌍한 환경에서는 고민하고 숙고하느라 꾸물거릴 시간이 없다. 재난을 피하려면 지금 행동해야 한다. 고속도로를 달리고 있는데 차 앞으로 사슴 한 마리가 뛰어든다고 상상해 보자. 이런 때에는 무슨 일이 일어나고 있는지 의식적으로 생각할 시간이 없다.

부디 차가 제때 멈춰 충돌하지 않기를 바라며 반사적으로 브레이크를 밟을 뿐이다. 마찬가지로 우리는 뷰카 세계의 리더로서 직관을 신뢰하고 새로운 정보나 갑작스러운 상황 변화에 대응하여 신속한 결정을 내리는 데 익숙해져야 한다.

리더에게는 이런 말이 무섭게 들릴 수도 있다. 하지만 실제로 이는 엄청난 규모의 지속적인 경쟁 우위를 제공해 줄 충분히 이용되지 못한 자산이기에 흥미로운 제안이 될 것이다. 지식의 총체를 활용하는 법을 배울 수 있다면, 명시적이고 의식적인 지식만을 활용하는 라이벌들보다 훨씬 빠르고 자신 있게 경영할 수 있을 것이다. 또한 수면 위로 솟아오른 일부 지식이 아니라 빙산 전체에 해당하는 모든 통찰력을 활용하기 때문에 더 나은 결정을 내릴 수 있게 된다.

3. 잠재의식은 지름길을 알려준다

잠재의식은 패턴을 발견하는 데 도움이 된다. 암벽 하나를 등반할 줄 안다면, 처음 보는 암벽이라도 같은 기술과 그립을 적용해 오를 수 있다. 실제로 초보자가 당황한 채 절벽 밑에 서있는 동안 당신은 정상에 도달할 수 있다.

노스웨스턴대학교의 컴퓨터 과학자인 로저 섕크Roger Schank는 이러한 내면화된 반응을 '스크립트scripts'라고 부른다. 이 스크립트는 연극의 대본이나 컴퓨터 코드와 마찬가지로 복잡한 상황에서 효율적인 안내자가 된다. 이것을 따르면 우리는 우리가 만드는 모든 단계를 의식적으로 분석하는 부담스러운 과정을 생략할 수 있다. 이런 면에서 스크립트는 직관적 지식을 만들어내는 네트워크의 노드이다. 하지만 스크립트는 고정된 것이 아니라 시간이 지남에 따라 변화하며, 우리 자신과 주변 세계에 대해 알게 됨에 따라 끊임없이 개선된다. "스크립트는 작동할 때보다 실패할 때 더 흥미롭습니다"라고 생크는 말한다. "웨이터가 음식을 가져다주지 않으면 그 이유를 알아내야 하고, 음식이 맛이 없거나 반대로 엄청나게 맛있으면 그 이유를 알아내고 싶어집니다. 이처럼 예상대로 일이 풀리지 않을 때 무엇인가를 배우게 되는 것이죠."

이는 직관이 우리의 영적 DNA에서 강력히 발현되는 중요한 부분일 수는 있지만 마술은 아니라는 점을 상기시켜 주는 중요한 통찰이다. 우리는 종종 직관적 통찰을 얻기 위한 단계를 철저히 학습함으로써 의식적 생각 없이 자동으로, 그래서 매우 빠른 속도로 직관적 통찰에 도달한다. 심리학자 칼 웨익 **Karl Weick**의 표현처럼 직관은 '압축된 전문 지식'인 경우가 많다. 직관은 지름길을 제공하는 반면, 직관을 개발하는 지름길은 없다. 노력을 기울여야만 나중에 의지할 수 있는 통찰력을 얻게 된다.

아이디어를 허공에서 끌어내는 것이 아니라 직관에 의존할 수 있으니, 리더로서는 안심할 수 있다. 당신은 당신이 이미 해낸 모든 일과 수년 간 기술을 연마하며 얻은 지식 전부를 활용하는 것이다.

4. 무의식은 총체적인 답을 준다

스크립트는 당연히 이전에 처리해본 상황이나 이전에 개발한 전략을 관련된 문제에 빠르고 깔끔하게 적용할 수 있는 상황에만 유용하다. 뷰카 세계에서는 상황이 그렇게 간단하지 않으며, 따라서 무의식이 엄청나게 중요해진다. 한 번도 본 적 없는 상황에서도 당신의 내적 가치관을 반영하는 방식으로 빠르고 유연하게 반응할 수 있어야 하기 때문이다.

피카소는 냅킨에 그린 그림에 1백만 프랑을 청구한 것으로 유명하다. 한 구경꾼은 "어떻게 5분 만에 그린 그림에 그렇게 많은 돈을 청구할 수 있나요?"라고 물었다. "한참 잘못 알고 계시군요."라고 피카소가 말했다. "이렇게 5분 만에 그리는 법을 배우는 데 40년이 걸렸습니다." 피카소가 말한 것은 단지 그가 그림 그리는 법을 배우는 데 40년이 걸렸다는 것뿐만은 아니다. 그것은 전체 스토리의 일부일 뿐이다. 피카소는 분명히 선 하나하나를 어디에 배치해야 할지 생각할 필요 없이 쉽게 그림을 그릴 수 있도록 해주는 놀라운 스크립트를 갖고 있었다. 하지만 그는 또한 자신의 진짜 목소리를 찾고 스스로를 표현하는 법을 찾음으로써 무의식적 마음을 강화하는 데 40년이라는 시간을 보냈다.

피카소의 유명한 '평화의 비둘기'는 단순히 능숙하게 끄적인 선 몇 개가 아니라 피카소가 내면 깊은 곳의 무엇인가를, 즉 그의 진정한 가치관과 자의식에 부합하고 그것을 반영하는 무엇인가를 표현해 놓은 것이다. 필요에 따라 무의식을 활용하는 바로 이런 능력이 피카소를 단순한 장인이 아닌 예술가로 만드는 것이며, 그가 즉흥적으로 그린 냅킨 낙서가 백만 프랑의 가치를 갖는 이유이다.

이와 마찬가지로 우리는 리더로서 지식의 가치를 중요시하는 법을 배워야 하며, 순식간에 떠오르는 통찰력이 실제로는 수십 년간의 경험과 핵심 가치관이 융합된 결과라는 점을 알아야 한다.

5. 지식은 겸손함을 반영한다

웨익은 우리가 자신이 옳다는 느낌, 즉 '정확성의 환상illusion of accuracy'에 중독되기 쉽다고 말한다. 뷰카 세계에서 이런 중독은 특히 유혹적이고 위험하다. 웨익은 '역동적이고 경쟁적이며 변화무쌍한 환경에서 정확성에 대한 환상은 수명이 짧으며 예고 없이 무너진다'고 썼다. '아무도 반박하지 않는 단일 데이터 소스에 의존하는 것은 전지전능한 느낌을 줄 수 있지만, 이러한 데이터는 우리가 인식하지 못하는 결함이 있기 때문에 부적응 행동으로 이어진다.'

다시 말해, 눈가리개를 쓰고 알고 있는 것만 고수하는 것은 자신을 강하게 느끼게 하지만, 실제로는 당신을 약하게 만든다. 리더에게는 이 하나의 통찰력을 진정으로 내면화하는 일이 지식 성찰을 달성하는 열쇠이다. 왜냐하면 이는 당신이 이미 알고 있다고 믿는 것에 안주하지 않고 다른 더 나은, 더 광범위한 앎의 방식을 찾도록 이끌어주기 때문이다.

무술가 이소룡Bruce Lee은 사람들에게 '물이 되어라'고 권한 것으로 알려져 있다. 물은 모양도 형체도 없다고, 그는 설명한다. "물은 컵에 부으

> 지식이 많아질수록 자신의 지식에 대해 겸손해지는데, 이는 지식의 한계를 더 명확히 보게 되기 때문이다.

면 컵이 되고, 병에 담으면 병이 됩니다." 이와 마찬가지로 지식도 모양이나 형체가 없으며, 환경과의 상호작용을 통해 끊임없이 변화하고 바뀐다. 물처럼 어떻게 사용하느냐에 따라 유용하고, 강력하고, 창의적이며, 파괴적이다. 그리고 또 물처럼, 신선함을 유지하도록 관리하지 않으면 그것은 정체되거나 증발해버릴 수 있다.

우리 모두는 지식이 상투적 반응들로 구성되어 어떤 질문에도 똑같은 대답을 하는 '전문가들'을 만난 적이 있다. 가진 도구가 망치뿐이라면 모든 문제가 못처럼 보인다. 지식이 진화, 의문 제기, 자기반성을 멈추면 정체되어 진짜 지식이 아닌 의견 혹은 독단이 되어버린다. 사실 지식이 많아질수록 자신의 지식에 대해 겸손해지는데, 이는 지식의 한계를 더 명확히 보게 되기 때문이다. 소크라테스도 '내가 아는 것은 내가 아무것도 모른다는 사실 뿐'이라고 말하지 않았는가.

6. 한계를 확장하라

지식은 진공 상태에서 발생하지 않는다. 그것은 맥락 안에 존재하며, 알려진 것의 한계를 포함하고 통합한다. 도널드 럼스펠드 **Donald Rumsfeld** 전 미국 국방부장관은 2차 걸프전과 관련하여 이 점을 지적하려다 조롱을 받기도 했다. "알다시피, 우리가 알고 있음을 알고 있는 것들이 있습니다. 즉 우리가 알고 있다고 아는 것들이죠. 또 알지 못함을 알고 있는 것들도 있는데, 이것은 말하자면 우리가 모르는 것이 있다는 것을 아는 것입니다. 그러나 우리가 알지 못하는 것을 모르는 것들도 있습니다. 즉, 모른다는 것을 모르는 것들이죠(As we know, there are known knowns; there are things we know we know. We also know there are known unknowns; that is to say we know there are some things we do not know. But there are also unknown unknowns—the ones we don't know we don't know)"라고 그는 설명했다.

심하게 배배 꼬인 표현을 쓰긴 했지만 럼즈펠드는 심리학자들이 말하는 조하리의 창Johari window이라는 중요한 개념, 즉 자신이 알고 있는 것과 다른 사람이 알고 있는 것, 그리고 이 둘이 겹치는 지점을 이해하려는 시도를 언급했던 것이다.

모르는 것이 해가 될 수 있으므로 이러한 인식은 매우 중요하다. 알레르기가 있는 사람에게 케이크에 무엇이 들어있는지 알거나 모르는 것은 생사의 문제가 될 수 있다. 해외 출장을 가는 사람이 어떤 단어나 몸짓이 그 나라에서 지니는 의미를 모른다면 아무리 노력해도 큰 거래를 성사시키지 못하고 빈손으로 귀국하게 될 수도 있다. 예를 들어 서양 사람들은 상대방이 말을 할 때 그 사람의 눈을 똑바로 쳐다보는 것이 중요하다고 알고 있다. 하지만 일본에서 그러한 '지식'을 사용하려 하다가는 무례해 보일 수 있다.

7. 지식이 흐르게 하라

지식은 유동적이고 직관적이고 말로 표현하거나 논리적으로 이해하기 어려워서 때로는 모순처럼 보이지만, 한편으로는 공식적으로 구조화되거나 의식적으로 습득할 수 있는 것이다. 뷰카 세계에서 우리에게 필요한 것이 바로 이 양극성이다! 결국 지식은 사람들의 태도, 의

사소통, 행동으로 나타나며 인간의 심리, 인간 문화, 인간의 예측 불가능성만큼이나 복잡하다.

사업을 할 때 우리는 자산을 명확하고, 수량화할 수 있고, 구체적인 것이라고 생각한다. 하지만 지식 자산은 분명하게 정의하기가 훨씬 어렵다. 지식은 과정인가? 종이 더미와 같은 물체인가? 아니면 유기적 시스템이자 조직 내 관계에서 생겨나는 것인가? 광자가 파동일 수도 있고 입자일 수도 있는 것처럼 지식은 이 모든 것일 수도, 그 이상일 수도 있다.

이런 식으로 생각하면 지식의 총체를 파악하는 것이 왜 그렇게 중요한지 확실히 알 수 있을 것이다. 만일 지식을 절대적 진리나 정적인 대상으로 본다면 지식을 2차원적으로만 보는 것이다. 직관, 특히 무의식에서 솟아나는 가치관을 이용하면 지식은 다차원적인 것으로 나타나고, 모든 지식 자산 사이의 점들을 연결하는 새롭고 생생한 방식들이 나타날 것이다.

우리가 아는 것, 또 우리가 아는 방식은 인간다움의 핵심에 놓여있다. 지식은 우리 자신을 새롭게 상상하고 재정의하며 불가능하다고 여겼던 일들을 이룰 수 있도록 힘을 준다. 지식을 통해 우리는 세상을 이해하고 창조와 혁신의 역량을 확장한다. 지식은 우리의 생각에 정보를 제공하고, 우리 행동의 본질과 결과를 결정한다.

지식이 우리가 취하는 모든 행동의 질을 결정하므로, 지식을 가장 효율적이고 효과적인 방식으로 활용할 수 있도록 지식이 무엇인지 배우고 이해하는 것이 중요하다.

부분이 아닌 전체를 보기

　과학자들은 그들의 학문을 서로 의지하는 관계로 여긴다. 인지심리학자는 그들이 연구하는 현상이 생물학적 과정으로도 이해될 수 있다고 생각하고, 생물학자는 그 과정들이 화학적 반응으로 보일 수 있다고 여기고, 화학자는 그 반응들이 물리적 과정이라는 것을 알며, 물리학자는 결국 모든 게 수학에 달려있다고 인식한다.

　마찬가지로 지식도 다양한 수준의 이해로 구성되어 있다. 지식에 관한 오래된 책에서 간혹 볼 수 있는 소위 '지식 피라미드'(맨 아래에 미가공 데이터가 있고 중간에 정보가 있으며 꼭대기에 '지식'이 있는)를 말하는 것이 아니다. 이것은 구식 패러다임이며, 오늘날 우리는 지식을 다양한 노드와 수많은 상호연결이 있는 네트워크에 더 가깝다고 생각한다.

　여기서 다양한 수준의 이해란 이 시스템의 복잡성, 네트워크를 구성하는 노드의 수를 늘리고 노드 간의 연결을 심화, 증식, 강화하는 우리의 능력과 관련된 것이다. 이런 의미에서 지식은 마치 원자는 분자를 낳고, 단순한 분자가 더 복잡한 분자를 낳고, 그 분자기 다시 화합물을 낳고, 궁극적으로 우리가 생명 그 자체라고 생각하는 생화학적 과정을 낳는, 살아있는 시스템과 같다. 구성 요소들 간의 난해한 복잡성과 상호작용이라는 연결 속에서 마법이 일어나고, 이러한 연결을 통해 우리는 더 깊고 의미 있는 이해에 도달한다.

　쉽게 설명하기 위해 위와 같이 수준을 나누었지만 실제로는 이렇게

지식 성숙도	이해의 복잡도	종류	설명
0	없음	데이터	미가공된 사실; 체계가 없고 맥락화 되지 않음
1	가장 낮음	정보	구체적인 관계나 기준에 따라 구성된 데이터; 해석 및 분석의 시작
2	낮음	노하우	일이 어떻게 돌아가고 어떻게 행동하는지 앎
3	중간	외부 세계와의 관계에 대한 노와이 (Know-why)	세상 일들이 왜 그렇게 돌아가는지 알기; 다양한 요소와 그 밑바탕에 깔린 패턴 간의 관계에 집중하기
4	중간~높음	나 자신과의 관계에 대한 노와이	'노와이'의 대상을 내면으로 돌려 자신의 편견에 의문을 제기하고 자신의 가치관과 직관 신뢰하기; 자기 성찰 및 자기 인식
5	높음	집단 지성	다른 사람의 관점의 가치 알기; 자신의 시야 너머를 보고 공감과 연민을 가지고 뷰카 세계에 대한 더 넓은 시야를 갖기
6	가장 높음	지식 성찰	지식이 상호 연결된 네트워크로 이해됨; 행동하는 지식의 정점. 전체를 보고, 다른 요소들 없이 단일 요소만으로는 작동할 수 없다는 것을 이해함.

뚜렷하고 엄격하게 구분되지 않는다. 각 수준은 내부적으로도 다양한 단계들이 존재하는 유기적이고 아주 개인적인 것이다. 이해의 복잡성이 심화됨에 따라, 이전 수준의 통찰은 계속 간직한 채 새로운 이해를 상호 연결된 통찰과 연관시키게 된다. 예를 들어, 지식 성숙도가 4단계라면 이전의 이해에 또 다른 노드를 추가하여 외부 세계에 대한 노하우와 '노와이'뿐만 아니라 나 자신에 관한 노와이 통찰, 즉 개인적 지혜도 얻었음을 의미한다.

뷰카 세계에서는 지식 성숙도를 능동적, 지속적으로 우선시하고 높이는 것만이 성공의 유일한 방법이다. '노왓^{know-what}'을 위해 데이터와 정보를 습득하는 것에서 '노하우'와 '노와이'의 형태로 의미를 창출하는 단계로 넘어가는 것이다. 이러한 심도 깊은 이해를 통해 우리는 씨름 중인 문제의 진상을 밝힘으로써, 일시적인 한숨 돌리기에 불과한 사후대응적, 표면적 해결책을 찾는 것이 아니라 근본 원인을 해결할 수 있게 된다.

지식에 대한 많은 평가는 여기서 멈추지만, 일부는 더 나아간다. 지식을 우리의 자아, 정체성, 가치관 및 신념에 고정시킴으로써 우리는 개인적 지혜(선입견과 편견을 극복하고, 혼란스럽고 정신없는 시기에도 우리를 앞으로 나아가게 하는 더 심오한 목적을 찾는 법을 배우는 중요한 단계)를 얻을 수 있게 된다. '노와이'가 누가 봐도 단편적인 정보들 간의 관계에 집중하고 그 안에서 패턴을 찾는 것에서 비롯된다면, 개인적 지혜는 자신 안에 있는 정보와 그 앎을 수행하는 주체로서의 자신을 깊이 성찰하고(그리고 그 점들 사이를 연결하고), 그것이 어떻게 당신이 수행하는 앎을 형성하고 제한하며 가능하게 하는지를 질문하기 시작할 때 생겨난다.

지식의 주체로서 우리의 지위가 비록 중요하긴 하지만 고유한 특권을 지니는 것은 아니라는 사실을 깨닫기 시작하면서, 증가하는 개인적 지혜는 증가하는 집단 지성으로 흘러들며 연결된다. 다른 사람들이 아는 것도 마찬가지로 중요하다. 우리 자신의 인식은 현실을 바라보는 하나의 좁은 창에 불과하며, 다른 관점이나 시각에 마음을 열지 않는 한 전체를 진정으로 이해하기란(혹은 그에 근접하기조차) 불가능하다. 결정적으로, 이 결합을 통해 우리는 우리가 해결하고자 하는 문제뿐만 아니라 그 문제들과 관련하여 우리 자신을 보는 새로운 방법을 얻는다. 즉, 내 단점과 잠재력은 내가 직접 보는 것보다 다른 사람이 보는 것이 훨씬 정확할 때가 많다.

흔히 오해하는 것 중 하나는 지식 성찰 리더십으로 가는 길이 노하우에서 노와이로, 그리고 개인적 지혜 및 집단 지성으로 나아가는 상향 나선 **upward spiral**이라는 것이다. 사실 지식 성찰은 모든 다양한 요소가 네트워크라는 통합된 전체의 일부임을 인식하고, 이러한 이해를 활용해 각 요소 사이의 연결을 강화하고 특정 상황에서 어떤 종류의 지식이 가장 효과적인지 알아낼 때 나타난다. 즉, 지식을 전체적으로 보고 전체의 모든 요소를 잇는 연결과 패턴을 보기 시작할 때 오늘날의 뷰카 세계에서 필요한 확신과 에너지를 가지고 행동할 수 있는 것이다.

지식 성찰에 가까워질수록 상호 연결된 지식의 총체를 다양한 상황에서 직면하는 문제에 적용하기가 쉬워진다. 이성적 사고와 직감 및 직관을 활용하고 이 둘을 통합해 하나일 때보다 더 강력하게 만드는 것이다. 지식 성찰을 실천하는 리더는 모든 자원을 활용하고 자원 간의 상호 연결을 추적하고 강화하고자 노력하다가 이러한 통합을 달성하게 된다.

오늘날의 문제들은 단순히 각각의 문제를 개별적으로 해결하거나 각 새로운 과제에 대한 독립적인 '원포인트 해결책'을 고안해내는 것만으로는 해결할 수 없다. 이 모든 것들 사이의 연결을 확인함으로써 우리는 여러 변수와 시스템을 동시에 다룰 수 있는 잠재력을 일깨워 더 확장 가능하고 효율적인 방식으로 성공을 이끌고, 새로운 해결책뿐만 아니라 우리가 직면한 문제에 대해 근본적으로 더 효과적인 사고방식을 발견할 수 있다.

달리 말해, 리더는 해결하려는 문제와 같은 수준의 복잡성으로 운영해서는 안 된다. 데이터에 빠져있다면 더 많은 데이터가 해결책이 될 수는 없다. 리더는 지식의 질과 복잡성을 발전 및 향상시키기 위해 노력하고 직면한 문제를 보다 상호 연결적, 총체적으로 바라보는 방식을 구축한 다음, 각각의 새로운 통찰이 다른 영역에서도 그들의 이해를 높일 수 있도록 함으로써 마무리를 지어야 한다. 이것이 바로 지식 성찰이다. 이는 우리 지식, 자아, 외부 세계 사이의 상호 연관성을 파악하고, 이 연관성을 의식적으로 활용해 더 높은 수준의 지식을 얻고, 더 좋고 빠르고 강력한 해결책을 찾고, 뷰카 세계 속에서 앞으로 나아갈 길을 개척할 수 있게 해주는 하나의 체계인 것이다.

지식과 지식 성찰

현대 기준으로 볼 때 초기 인류는 비교적 정보가 부족한 환경에서 살았다. 그들은 식물, 동물, 날씨, 사람 등 주변 세계에 대한 정보는 가지고 있었지만 책이나 기록물, 데이터베이스나 사용법 안내서도, 대학이나 마스터 클래스도 없었다. 하지만 그렇다고 해서 그 사람들이나 그들의 공동체에 지식이 없었던 것은 아니다. 초기 인류는 그들 자신과 그들이 살던 세계에 대한 엄청나게 많은 것들을 분명히 알고 있었다. 지식은 이야기 공유, 반복, 구전을 통해 전승되고 보존되었다. 초기 공동체는 지식이라는 과정에서 직관의 위치와 힘을 잘 이해하고 일상적으로 활용하여 주변의 적대적인 세계를 이해하고 탐색했다.

우리가 '전체를 보지' 못하고 우리 지식, 자신과 더 넓은 세계를 서로 연결시키지 못하면(즉, 지식 성찰을 하지 못하면) 심각한 문제가 생긴다. 스트레스나 비만과 같은 신체적 문제에서부터 불안, 우울증과 같은 정신적 문제, 부패 및 폭력 등의 도덕적 문제, 기후 변화와 같은 사회적 문제에 이르기까지, 세상은 훨씬 살기 힘든 곳이 되었다. 이러한 세상에서 살아남고 번성하려면 우리의 환경을 이해하고 영향을 미칠 줄 알고, 의미와 목적에 대한 감각을 꾸준히 새롭게 할 줄 알아야 한다. 이것이 바로 지식 성찰의 효과로, 폭풍우가 몰아치는 바다에서 우리의 구명조끼가 되어 주는 것이다.

지식 성찰을 실천하는 리더는 뷰카 세계에 필요한 힘과 에너지를 생산하기 위해서는 사용 가능한 모든 자원이 필요하며, 그렇게 하려면 우리 지식의 모든 파편을 하나로 통합시켜야 한다는 사실을 알고 있다. 뷰카 세계에서는 우리가 헤엄쳐 다니는 정보의 홍수를 이해할 여유가 없다. 통제력을 회복하고, 진정한 해결책을 찾고, 고정적이고 총체적인 의미를 파악하기 위해서는 다른 사람들과 도움을 주고받아야 한다.

1950년대에 미국의 물리학자 존 아치볼드 휠러 John Archibald Wheeler는 우리가 '참여 우주 participatory universe'에 살고 있다고 말했다. 다시 말해, 우리가 '저 밖에서' 진짜라고 여기는 모든 것은 '이 안에' 있는 신념, 인식, 관찰, 해석 및 기대에 달려있다. 당신의 지식은 당신만의 고유한 것이므로 같은 자극, 같은 핵심 사실을 접한 어느 누구도 당신과 똑같은 경험을 하지는 않는다. 마찬가지로 다른 사람들 역시 그들의 지식이 고유하고 당연히 당신의 지식과 다르기 때문에 항상 당신의 지식에 추가할 무엇인가를 가지고 있다.

지식 성찰은 우리 지식의 총체, 즉 지식 성숙을 이해하고 확장 및 진화시키는 법을 배우고, 주변 세계와의 이성적 관계를 통해 얻어지는 불충분한 단편들이 아니라 전체를 있는 그대로 보는 것을 의미한다. 우리의 가장 단순한 행동들에는 우리가 평생에 걸쳐 소화해 온 모든 정보의 본질이 담겨있다. 이처럼 우리는 정보를 얻고 통합하는 과정을 자연스럽게 알고 있지만, 산만한 세상에서 주의를 집중하기 위해서는 의도적이고 지속적이며 성찰적인 노력이 필요하다. 더 높은 이해를 추구하지 않고, 이미 알고 있거나 알고 있다고 생각하는 것에 만족하기는 너무 쉽다. 이 길은 실패로 이어지는데, 이해한 바를 의식적, 지속적으로 발전시키지 않는 한 안주하는 삶에 갇혀서 우리를 둘러싼 케케묵은 정보, 잘못된 믿음, 검증되지 않은 편견에 아무런 의문을 품지 않을 것이기 때문이다.

따라서 지식 성찰은 한

이해한 바를 의식적, 지속적으로 발전시키지 않는 한 우리는 안주하는 삶에 갇혀서 우리를 둘러싼 케케묵은 정보, 잘못된 믿음, 검증되지 않은 편견에 아무런 의문을 품지 않을 것이다.

번 하고 체크 표시만 하면 끝나는 것이 아니다. 지식과 어떻게 관계를 맺고 의식적으로 지식을 발전시키는지, 주어진 상황에서 어떻게 지식을 응집력 있고 일관된 전체로 '보고' 이용할 수 있는지에 대해 적극적이고 전략적으로 생각하는 노력이다. 이를 달성하면 삶의 모든 측면을 향상시킬 수 있다. 당신과 당신 주위에서 일어나는 변화를 주도하고, 행복감뿐만 아니라 '잘하고 있다'는 느낌, 즉 단순히 표류하는 것이 아니라 신념, 연민, 도덕적 명확성을 가지고 이끌고 있다는 느낌을 회복할 수 있다.

지식은 근육으로 생각할 수 있다. 지식 운동(더 질 좋고 더 많은 양의 정보를 수집하고, '우리가 안다고 생각하는' 것과 '생각하지 않아도 아는' 것을 통합하고, 자신과 다른 사람들의 총체적 지식과 가치관을 적극적으로 활용하는 등)을 통해 우리는 지식을 계속 확장, 쇄신, 강화하여 미래에 어떤 문제에 직면하더라도 더 신속하고 효과적으로 대응할 수 있게 된다. 이것은 단순히 지식을 습득하고 쌓기만 하는 학습이 아니라, 배우고 얻은 만큼 가르치고 베푸는 것이며 우리는 모두 연결되어 있으므로 다른 사람들을 돕는 것이 곧 자신을 돕는 일임을 인식하는 것이다.

지식은 여러 다양한 범주, 다양한 영역에 속한다고 생각할 수 있다. 하지만 마법은 이러한 영역들이 서로 맞물리고 뒤섞이는 경계 공간, 즉 가장자리에서 일어난다. 바로 그곳에서 교류와 연금술이 일어나고 새로운 앎의 방식이 생겨나기 때문이다. 지식을 다양한 색상의 물감 웅덩이라고 상상해 보자. 여러 색들이 서로 닿고, 소용돌이치고, 섞이며 새롭고 아름다운 색조를 만들어낸다.

지식 성찰을 실천하는 리더는 이 사실을 알고 이를 받아들인다. 그들은 움츠러들지 않고 밖으로 손을 뻗는다. 지식은 활용하고 공유할수록 가치가 올라가고, 쌓아둘수록 가치가 내려간다는 점에서 독특한 자산이다. 리더로서 우리가 할 일은 조직 내에 존재하는 모든 다양한 지식을 증폭하고 팀원들 및 직원들이 그들의 지식 성숙을 활용하고 발전시켜 지식의 총체를 넓힐 수 있도록 하는 것이다.

다시 플라톤의 동굴을 떠올려 보자. 그림자만 쳐다본다면 아주 제한적이고 오해의 소지가 있는 지식만을 얻게 될 것이다. 지식 성찰은, 다른 방향으로 눈을 돌리면 그 모든 이질적이고 단편적으로 보이는 그림자들을 파생시킨 통합된 진실을 볼 수 있다는 깨달음에서 시작된다.

또한 지식 성찰을 실천하는 리더는 현실이 한순간의 통찰력으로 다르게 볼 수 있는 것은 아님을 알고 있다. 오히려 그 여정이 목적지라서 숙달해야 할 절대적 진리도, 습득해야 할 '진짜' 지식도 없다. 지식의 성숙과 더 풍부한 의미를 얻기 위한 노력, 즉 전체를 보고 다양한 지식들 간의 상호작용을 타협 없이 수용하며 필요에 따라 지식의 총체를 활용하기 위해 끊임없이 노력하는 것만이, 뷰카 세계에서 우리가 직면한 문제들에 대한 최고의 해결책을 찾고 효과적, 효율적인 리더십을 발휘하는 방법이다.

자아 이해하기

　최근에 나는 런던에서 열린 아바ABBA 콘서트에 갔다. 환호하는 팬들에 둘러싸여 베니, 비요른, 아그네타, 안니 프리드가 자신들의 히트곡에 맞추어 신나게 연주하고 무대를 돌아다니는 모습을 보았다. 그것은 정말 매혹적이었다.

　하지만 나는 아바를 실제로 본 게 아니었다. 내가 보고 있었던 것은 홀로그램과 최신 기술을 이용해 무대에 밴드를 구현한 가상 콘서트였던 것이다.

　'댄싱 퀸'을 따라 부르며, 이 콘서트의 진정한 매력은 기술적 트릭이나 시대를 초월한 음악이 아니라는 생각이 문득 들었다. 그것은 음악에 대한 사랑, 오랜 세월 동안 그 밴드가 우리에게 어떤 의미였는지에 대한 기억, 우리의 감정적 투자, 심지어는 의심을 멈추고 그 순간에 몰입하려는 우리의 지적인 의지 등, 모든 관객이 개별적으로 그 경험에 부여한 에너지였다.

우리 모두는 세상을 살아가면서 매우 비슷한 과정을 거쳐 간다. 우리가 경험하고 인식하고 반응하는 것들은 고정되고 객관적인 것이 아니며, 대부분은 우리 자신이 부여하는 것에 따라 달라지는 인상과 해석이다. 우리는 '저 밖에' 있는 것뿐만 아니라 '이 안에' 있는 것, 즉 자신의 과거 경험, 신념, 개인적이고 핵심적인 가치관을 기반으로 하여 우리가 살고 있는 세상을 구성한다. 사실 모든 순간은 일종의 해석 행위이다. 각각의 지식은 우리가 그것을 어떻게 내면화하고 처리하고 이해하고 대응하느냐에 따라 달라진다.

이것은 중요한 통찰이다. 왜냐하면 우리가 세상에서 지식을 활용하고 효과적으로 행동하는 능력의 대부분이 우리가 무엇을 부여하느냐에 따라 달라진다는 의미이기 때문이다. 우리가 처한 상황에 최적의 방식으로 대응하려면 먼저 내면을 들여다보아야 한다. 그래야 우리 자신이 세상을 보고 이해하는 방식뿐 아니라 우리가 관심과 집중을 두는 대상이 형성되는 과정을 이해하고 판단, 직관, 통찰의 과정을 통제하게 되어 궁극적으로 더 똑똑하고 효과적인 행동을 취할 수 있다.

우리 주변 세계(우리가 이끄는 조직을 포함해서!)와 관계를 맺는 방법에 대해서는 다음 장에서 더 자세히 살펴보겠다. 하지만 여기서는 우리의 자기 지식(즉, 지식의 주체로서의 역할)을 향상시킴으로써 삶과 리더십에서 지식을 생성, 공유, 사용하는 방식을 최적화하고 발전시킬 수 있는 방법에 대해 좀 더 깊이 파고들고자 한다.

그 시작점은 우리가 '자아'라고 생각하는 것이 실제로는 하나의 단일체가 아님을 인식하는 것이다. 그것은 지식이 흐르는 밀접하게 상호연결된 과정들로 이루어진 살아있는 시스템이다. 게다가 그것은 정적인 것이 아니라 역동적, 유기적인 시스템이다. 이는 우리 '자신'의 일부 측면들이 구성물로 인식될 수 있고, 시간이 지남에 따라 발전하며, 세상을 살아가고 성장하면서 얻게 되는 경험과 축적된 지식에 의해 형성될 수 있음을 의미한다.

앞 장에서 우리는 지식의 총체에 대해, 그리고 지식 전체를 활용하는 것이 개인으로서, 그리고 리더로서 효과적으로 운영해 나가는 능력을 어떻게 향상시켜 주는지를 배웠다. 이번 장에서는 우리 자신의 총체에 대해, 그리고 우리의 지식이 어떻게 '저 밖'에서뿐만 아니라 우리 안에서 일어나는 일(머릿속의 생각뿐 아니라 우리의 앎과 나아가 우리 존재의 전체 스펙트럼을 구성하는 모든 차원)에서도 비롯되는지에 대해 배울 것이다.

우리는 자아를 총체적으로 포용함으로써 자신이 세상에서 무엇이 될 수 있고 무엇을 할 수 있는지 더 폭넓게 이해할 수 있다. 이는 오늘날의 힘든 세상에서 리더들이 시급히 갖추어야 할 통찰력이다. 왜냐하면 자아에 대한 이해를 넓혀야만(그리고 '자아'가 지식 성찰의 다른 요소들과 어떻게 연관되어 있는지 염두에 두어야) 다른 사람들과 효과적으로 관계를 맺고 보다 생산적이고 인정 많은 방식으로 살고, 사랑하고, 리더십을 발휘할 수 있기 때문이다.

자아의 총체

당신은 누구인가? 들리기에는 단순하지만, 명함을 보여주거나 거울을 보는 것만으로 대답할 수 있는 질문은 아니다. 자아에 대한 느낌은 다차원적일 수밖에 없다. 나는 파트너이자 엄마이자 연구자이자 작가이자 사업가이다. 우리는 상호 보완적이기도 하고 모순적이기도 한 다양한 자아를 갖고 있으며, 그 모두가 우리의 중요한 부분을 차지한다.

하지만 우리가 삶에서 수행하는 다양한 역할 이외에도, 우리 자신은 서로 다르면서도 통합된 차원들로 구성되어 있기 때문에 다차원적이다. 우리는 손에 들고 있는 책을 다양한 차원으로 이해할 수 있다. 쿼크, 원자, 분자의 물리학에 관한 책 내용, 종이 위 잉크의 화학, 도서 출판의 경제학, 또는 읽고 있는 단어의 의미 등. 이와 마찬가지로, 우

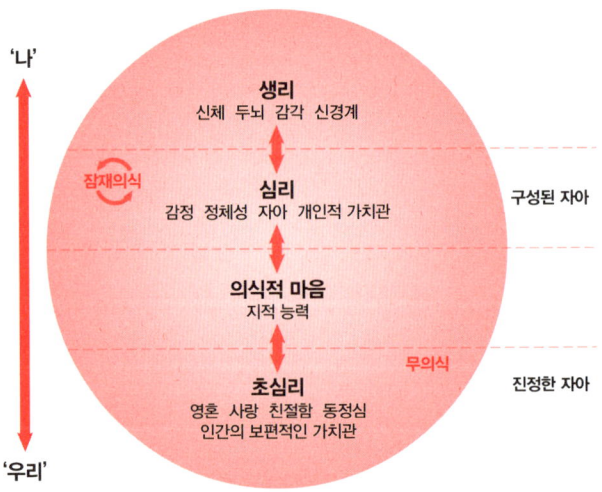

리는 우리 자신이 존재하고 이해될 수 있는 다양한 수준에 대해 생각할 필요가 있다.

물론 이 수준이 실제로 구분되는 것은 아니다. 내가 그려둔 계층은 구조적인 것이 아니라 설명을 위한 것으로, 이해를 도울 뿐 실제 구축 방식을 반영하지는 않는다. 우리는 이보다 훨씬 유기적이고 서로 뒤섞여 있지만, 상호연결을 더 명확하게 인식하려면 때로는 범주화와 구분이 필요하다.

가장 명백하고 확실한 수준인 생리부터 살펴보자. 우리 몸과 신체적 감각은 우리를 인간으로 만드는 데 핵심적인 요소이다. 신경계와 오감으로부터 받는 신호는 우리에 관한 거의 모든 것들에 대한 중요한 전조가 된다.

이제는 우리의 의식적 경험의 영향을 받는 감각 정보에 반응하여 잠재의식적 감정 신호가 발생하는 심리의 차원으로 좀 더 깊이 들어간다고 상상해 보자. 이와 같이 심리는 즐거움과 고통에 대한 반사적인 반응뿐만 아니라 더 의미 있는 감정적 반응들, 개인적 가치관, 자아 및 정체성 등, 우리가 종종 (잘못된 판단으로!) 내적인 삶의 총합이라고 여기는 것으로 구성된다.

그 너머에는 감각 정보와 감정적 반응을 이성적 사고와 지성으로 처리하는 의식적 마음이 있다. 감각으로부터 오는 신호들이 뇌에 의해 수신되고 해석되어 지식의 부분 집합을 생성하는 곳이 바로 여기다. 의식적 마음은 또한 잠재의식에 영향을 미치며(물론 그 반대의 경우도 마찬가지), 이는 우리가 연습하고 깊이 내면화한 학습 및 기억에 빠르게 접근하게 해주는 일종의 지름길 역할을 한다.

마지막으로, 가장 깊은 곳에는 초심리의 영역이 있다. 이 초심리란 텔레파시나 유령과 대화하는 능력을 의미하는 것이 아니라 우리가 진정으로 누구인지를 정의하는, 깊이 자리 잡은 영적, 인간적 가치를 말한다. 우리의 무의식에서 샘솟는 이러한 가치들은 우리 자신의 근간을 이루며, 이를 효과적으로 다루고 활용하는 것은 지식 성찰의 역학에서 매우 중요한 부분이다.

여기서 중요한 것은, 이러한 '층'들이 실제로는 역동적인 시스템의 일부임을 이해하는 것이다. 우리는 지식이 감각 신호를 통해 안쪽으로 이동한 다음 우리의 심리, 의식, 그리고 더 아래쪽으로 스며들도록 가만히 보고만 있지 않는다. 현실은 훨씬 활동적이어서, 아우구스티누스 **Augustine**가 지각에 대해 '육체를 통해 사물에 다가가 감지하려는… 영혼의 주의력'이라고 썼을 때 의미한 바에 더 가깝다.

이렇게 볼 때 우리의 '자아'는 감각적 입력 정보의 내적 움직임뿐만 아니라 (내가 보기에는) 확산, 해석, 통합 등 다양한 능동적 과정들이 융합된 것이다. 각 층은 우리가 이용할 수 있는 지식과 우리가 세상에서 취할 수 있는 행동을 결정하는 활기차고 매우 적극적인 과정(구성과 해체, 질문과 강화)의 일부로서 서로 영향을 주고받으며 형성하고, 형성된다. 지식 성찰을 할 줄 아는 리더로서 우리는 깊은 이해와 적극적인 자기 인식을 바탕으로 이러한 과정을 이해하고 활용해야 자신의 잠재력을 발휘하고 조직을 더 효과적이고 성공적으로 이끌 수 있다.

구성된 자아

내 아이들은 '카타마리 다마시'라는 일본 비디오 게임을 좋아했는데, 이 게임에서는 플레이어가 끈적거리는 작은 공을 굴리고 다니면 (명확한 이유 없이) 지나가는 길에 있는 모든 것이 붙어서 시간이 지날수록 공이 점점 커진다. 처음에는 압정이나 나무 같은 것들로 시작해서 나중에는 트럭, 건물, 심지어 산까지, 플레이어가 성장해 가며 만나게 되는 모든 것을 끌어당긴다.

이와 거의 마찬가지로, 우리가 '나'라고 생각하는 것의 대부분은 시간이 지남에 따라 축적된 우리의 지식과 경험의 결과이다. 우리는 정보를 자연스럽게 흡수한다. 유아기의 '엄청나게 웅성대는 혼란blooming, buzzing confusion'으로부터 출발해 점차 주변 세계에 대해 배우고 내면화한다. 이러한 경험(감각에서 시작해 감정을 거쳐 의식적 또는 이성적 마음에까지 이르는)을 통해 우리가 우리 자신으로 여기는 것의 대부분이 형성된다.

하지만 중요한 것은 이러한 축적이 우리가 본래 가지고 있는 것이 아니라 외부 세계와의 상호작용과 영향을 주고받는 역동적인 구성물임을 깨닫는 것이다. 수피교 학자인 카비르 헬민스키Kabir Edmund Helminski는 이를 '사회적 프로그래밍과 조절social programming and conditioning'에서 비롯된 우리의 '인공적 자아 구성artificial self-construct'이라고 부른다. 그렇다고 해서 구성된 자아의 진실성이 떨어지는 것은 아니지만, 그것은 우리가 만들고 형성하고 구축할 수 있는 것이기 때문에 덜 근본적이다.

주목할 점은 우리가 자신에 대해 부정적으로 여기는 많은 것들을 바로 이 인공적 자아에서 발견할 수 있다는 것이다. 우리의 강박과 두려움, 이기심과 자만, 호불호, 방어 메커니즘과 판단주의, 심지어 선입견과 기대까지, 이 모든 것은 어린 시절의 기억과 문화적 사회화에서부터 시간이 흐름에 따라 얻은 경험과 배움에 이르기까지 끊임없이 변화하는 세상 경험의 산물이다.

우리가 개인적 가치관이라고 생각하는 많은 것들도 우리 자아의 이 부분에서 비롯된다. 승진하고 싶고, 엄청난 부자가 되고 싶고, 베스트셀러를 쓰고 싶지만 이러한 목표들은 내 과거의 경험과 트라우마에서 비롯된 일시적, 단기적 가치들에 뿌리를 내리고 있다. 그렇다고 해서 이러한 구성이 본질적으로 나쁘거나 무가치한 것은 아니며, 결국 우리가 삶을 살아갈 때 동기를 부여하고 원동력이 되어 준다! 하지만 그것들의 수명은 매우 짧으며 우리를 구성하는 일부분일 뿐이다. 보다 장기적이고 목적의식과 성취감을 주는 동기를 찾으려면 무의식적 자아, 즉 인간의 가장 깊고 보편적인 가치가 있는 '진정한 자아'와 접촉하여 우리의 인지를 활용하고 확장해야 한다.

여기서 중요한 것은 우리의 구성된 자아는 나쁘거나 부정적인 것이 아니라는 점이다. 구성된 자아는 역동적인 시스템으로 주변 세계와 우리의 관계를 중재하는 다리이자 완충제 역할을 한다. 이것은 세상과 우리 자신에 대한 통찰력과 인식을 형성하고 필터링하며, 이러한 의미에서 자기 인식의 정도에 따라 긍정적 영향과 부정적 영향을 모두 미칠 수 있는 도구이다.

다른 도구들과 마찬가지로 핵심은 우리의 구성된 자아를 신중하게 이해

> 보다 장기적이고 목적의식과 성취감을 주는 동기를 찾으려면 무의식적 자아, 즉 '진정한 자아'와 접촉하여 우리의 인지를 활용하고 확장해야 한다.

하고 사용하는 것이다. 우리가 구성된 자아를 형성하는 데 있어 우리가 가진 힘을 인식하지 못하거나, 구성된 해석을 우리 자신이나 주변 세계의 본질적 측면으로 착각할 때 문제에 부딪치게 되는 것이다. 이런 측면에 대해 더 잘 인식하고 이를 길들이고 관리하거나 방향을 전환할 수 있다면, 한때는 부정적으로 보였던 것들을 우리 내면에서 훨씬 긍정적이고 유익한 측면으로 바꿀 수 있을 것이다.

진정한 자아 찾기

헬민스키는 자아를 일종의 스펙트럼 위에 존재하는 것으로 본다. 그는 '한쪽 끝에는 자기 자신을 알지 못하고 자기 인식의 내적 여정을 거치지 않은 사람의 거짓되고 인공적인 자아가 있다'라고 썼다. '스펙트럼의 다른 쪽 끝에는 인공적이지 않은 자연스럽고 자발적인 자아가 있다. 사회적 프로그래밍 및 조절과의 동일시로부터 비교적 자유로워지면서, 우리는 타고난 본성인 정제된 주관성이나 인식을 알게 된다.' 그는 우리가 이 더 깊고 진정한 자아를 위해 노력하고 도달함으로써 '의식적인 선택의 능력, 무조건적인 사랑, 근본적인 창의성을 포함한' 영적 본성을 발휘할 수 있다고 주장한다.

이 '본질적' 자아는 정신을 연구하는 학문인 초심리학의 영역에 존재한다. 여기서 우리는 진정한 나를 만드는 인간의 근본적인 가치에 접근할 수 있다. 두려움과 거짓이 구성된 자아에서 싹트더라도(또는 그 안에서 자라나더라도), 우리는 진정한 자아에 접근함으로써 뷰카 세계의 격동 속에서도 창의성과 기쁨, 깊고 지속적인 평화로 가는 길을 찾을 수 있다.

이는 양자 의식quantum consciousness 개념과도 유사하다. 특정 종류의 현상에 직면했을 때 고전 물리학만으로는 설명이 안 되는 부분이 있다는 것은 우리 모두가 아는 사실이며, 가장 풀기 어려운 난제 중 하나는 우리 정신의 작용 방식, 즉 9백 그램의 스펀지 같은 회백질이 어떻게 우리의 그 모든 경이로운 의식적 경험을 일으킬 수 있는지를 설명하는 것이다. 한 가지 가능한 설명은 양자 입자의 이상하고 (아인슈타인의 말을 인용하자면) '으스스한spooky' 특성이 우리의 의식적 경험의 기초를 이해하는 데 완전히 다른 방식의 다리 역할을 할 수 있다는 것이다.

하지만 우리 모두가 일종의 영적 DNA를 가지고 있으며 우리가 누구인가에 대한 것들이 우리의 영적 자아에 효과적으로 암호화되어 있을 정도로 깊게 뿌리 박혀있다는 사실을 인식하기 위해 굳이 기존의 물리학을 해체할 필요는 없다. 이러한 깊은 가치에 접근하고 이해하는 것이 중요한 이유는, 구성된 자아와는 달리 진정한 자아가 진짜 기본이 되기 때문이다. 이는 우리가 누구인가에 대한 기초이며, 우리의 의도가 생겨나 우리의 주의를 돌리고 결과적으로 행동까지 하게 만드는 곳이다. 우리가 이를 무시하거나, 우리의 구성된 자아와 인공적 자아가 동기화되지 않을 때 진짜 문제가 생겨나기 시작한다. 구성된 자아의 중력을 극복하기 위해서는 우리 자신을 완전히 아는 작업이 필요하다.

물론 이러한 일은 조직 차원에서도 발생한다. 환경운동가이자 경제학자인 폴 호켄**Paul Hawken**은 '비즈니스의 궁극적인 목적은 단순히 돈을 버는 것이 아니며, 그렇게 해서도 안 된다. 단지 물건을 만들고 판매하는 시스템도 아니다. 비즈니스의 약속은 서비스, 창의적 발명, 윤리적 철학을 통해 인류의 전반적인 복지를 증진하는 것이다'라고 주장한다. 호켄의 설명은 어떤 면에서는 우리 스스로가 추적하는 영적 차원, 즉 조직의 진정한 목적에 해당하며, 이는 조직을 구성하는 리더와 직원들의 진정한 자아와 영적 가치를 반영해야 한다.

지식 성찰을 할 줄 아는 리더로서, 우리에게는 두 가지 주요 임무가 있다. 하나는 개인적으로 더 현명해지고 자아의 다차원적 본질, 또 그 차원과 우리가 활동하는 맥락 사이의 상호연결을 더 잘 인식하여 지식 성숙도를 높이는 것이고, 다른 하나는 다른 사람들도 동일한 지식 성숙도를 달성하도록 이끌어 십나 시선이 발휘되도록 하는 것이다. 이를 달성하려면 먼저 진정한 자아가 구성된 자아, 나아가 주변 세계와 연결되는 방식을 이해해야 한다.

우리의 가치관, 우리의 정신적 차원은 빠진 퍼즐 조각과 같아서, 이것 없이는 그 어떤 것도 의미가 없다. 리더로서 우리는 그 빠진 조각을 찾고 팀원들도 각자의 빠진 조각을 찾을 수 있게 도와야 한다. 또 서로 연결된 그 모든 조각이 어떻게 맞춰지는지 인식하고 그 다양한 조각들을 창의적, 효과적으로 활용하여 뷰카 세계의 불안정한 혼란 속에서도 중심을 잡고 즐겁게 목표를 향해 나아가야 한다.

내면도 중요하다

자, 이 장에서는 자아를 여러 구성 요소들로 분해한 다음 그 모든 부분이 서로 어떻게 관련되는지 체계적으로 설명해 보고자 했다. 심지어 그 모든 것을 흑백으로 정리한 그림도 보여주었다. 한 가지 문제가 있다면, 실제로는 전혀 그런 식으로 돌아가지 않는다는 사실이다!

자아를 단순화하여 설명하고자 여러 요소들의 모음으로 소개했지만, 사실 자아는 그렇게 조각조각 나뉘어있지 않다. 생리, 심리, 초심리는 지질학적 지층처럼 뚜렷하고 정적이며 깔끔하게 층을 이루고 있지 않다. 그보다 훨씬 유동적이고, 끊임없이 상호작용을 하며 영향을 주고받는다.

우리 자신에게는 정체성, 감정, 자아처럼 유연하고 변화할 수 있는 부분과 영적 기반과 같이 고정적이고 근본적인(그리고 종종 무시되는) 부분이 있다는 사실을 깨닫는 것이 중요하다. 이를 이해하고 보다 총체적인 관점으로 우리 자신에게 다가감으로써 우리는 바꿀 수 있는 것은 바꾸고, 고정되고 지속적인 것은 존중하고 이용하며, 이 두 가지를 구별하는 태도를 배울 수 있다.

자신에 대한 더 고차원적이고 포괄적인 이해가 가능해지면 이를 정보의 원천으로 인식하게 된다. 우리는 오감을 통해 우리에게 도달하는 '저 밖'의 세상을 세상의 전부로 여기는 경우가 많다. 그러나 실제로 정보는 양방향으로 흐른다. 세상의 정보는 우리 안으로 들어와 우리의 이성적 마음에 의해 소화되며, 우리 안의 정보는 우리가 자신의 심리와 가장 뿌리 깊고 지속적인 영적 특성을 활용하거나 무엇에 집중하고 주의를 기울이고 내면으로 끌어당길지를 결정함에 따라 위로 또는 바깥으로 흘러가는 것이다.

이때 양자 의식의 개념을 이론화, 대중화하는 데 크게 기여한 어빈 라즐로Ervin Laszlo의 연구를 살펴보면 좋을 것이다. 라즐로는 그의 훌륭한 저서《자기실현적 우주The Self-Actualizing Cosmos》에서 '뇌가 세상으로부터 정보를 받아들이는 방식은 한 가지가 아니라 두 가지 형태인 것으로 보인다. 신체의 감각 기관을 통해 세상을 인식하는 것 외에도, 뇌는 양자 해독quantum decoding을 통해 세상의 일부 요소들을 비국소적nonlocally ㅣ 비국소성이란 한 공간적 영역에서 일어나는 모든 것이 이와 분리된 다른 공간적 영역에서 일어난 작용에 영향을 받는 것으로 양자역학에서 중요한 의미를 지니는 개념이다-옮긴이으로 인식할 수 있다'고 썼다.

라즐로는 정신과 의사 스타니슬라프 그로프Stanislav Grof 역시 비슷한 주장을 했다고 언급했다. '우리는 근본적으로 다른 두 가지 방식으로 우주에 대한 정보를 얻을 수 있다. 감각 인식을 통해 얻은 데이터를 분석하고 종합하는 기존의 학습법 이외에도, 의식의 변화된 상태에서 세상의 다양한 측면들을 직접 식별함으로써 그에 대해 알아볼 수 있다.'

'양자 해독'이나 '의식의 변화된 상태'에 대해 깊이 파고들지 않아도 라즐로와 그로프가 심오한 무엇인가, 즉 감각만이 우리가 아는 것들의 유일한 원천이 아니라는 중대한 통찰에 도달했음을 알 수 있다. 이러한 의미에서 지식의 총체란 두 가지 원천(외부로부터의 지식과 내면 깊은 곳으로부터의 지식)이 모두 유효하고 가치 있음을 인식하고 이들이 서로를 강화하고 지원하도록 하는 것을 의미한다.

지식 성찰은 이러한 상호연결을 이해하고 지식의 총체성을 실현하는 데 도움이 된다. 이를 통한 우리의 주요 목표 중 하나는 바로 우리를 통해 흐르는 모든 신호와 정보에 대한 민감도와 인식을 개선하는 것이다. 이러한 상호연결에 대한 이해와 인식을 높임으로써 우리는 이전에는 주목하지도, 심지어 존재를 깨닫지도 못했던 자신의 새로운 차원(새로운 지식의 경로!)을 열 수 있다.

또한 우리는 자기 인식을 높이는 과정에서 지식 성숙도를 개인적 지혜(편견, 이기주의, 정체성, 검증되지 않은 신념에 얽매이지 않고 올바른 판단력을 발휘하고 사물을 명확하게 인식하는 능력을 의미하는 말) 수준으로 끌어올린다. 지혜는 정말 중요한 것에 주의를 집중하고 나아가 그것과 우리 의도의 연관성, 다시 말해 우리의 영혼 또는 영적 차원을 활용하는 것을 의미한다.

우리는 주의attention의 힘을 좀처럼 자세히 살펴보지 않는다. 즉, 우리는 주의에 주의를 기울이지 않는다! 주의는 눈에 보이지 않거나 하찮아 보이지만, 사실 우리가 바라보는 모든 곳에서 분명히 드러난다. 인류가 만들어낸 모든 것은 처음에는 '주의'와 '의도'의 상호작용에서 비롯되었다. 이것이 바로 우리가 개인으로서, 조직으로서, 그리고 종species으로서 하는 모든 일에 생명과 힘을 불어넣는 원동력primum mobile이다. 이러한 불꽃은 물론 기업에도 존재하며, 기업을 구성하는 복잡한 관계 시스템의 주된 끌개 역할을 하는 정체성을 부여함으로써 기업 문화를 형성한다.

한 가지 예를 들자면 우리의 심리(감정, 정체성, 자아)는 외부 정보를 습득하고 지식을 구축하는 능력이 형성되는 데 중요한 역할을 한다. 우리의 편견과 잘못된 가정은 장벽으로 작용하여 정보가 들어오는 것을 막고, 특히 스트레스나 위기 상황에서 리더가 주변에서 일어나는 일들을 빠르고 정확하게 인식하지 못하게 하는 사각지대를 만든다. 그러한 위험을 인식하고 지식 성찰을 통해 심리적 요인을 더 광범위하고 전체적인 지식의 총체에 통합함으로써 역학을 변화시키지 않는 한, 우리는 과도한 부담감을 느낄 때 자신의 선입견에 맞지 않는 정보를 걸러낼 가능성이 더 높다.

비슷한 맥락에서 우리의 기분과 감정은 보통 의식적인 생각에 비해 훨씬 빨리 작동하기 때문에 잠재의식적인 감정의 영향을 받는 과정은 매우 중요하고 강력하다. 하지만 우리는 우리의 기분과 그 기분이 어디에서 비롯되는지를 의식적인 방식으로 이해함으로써 그러한 잠재의식적 과정에 대한 의식적 통찰력과 통제력을 얻을 수 있으며, 이를 보다 신중하게 활용하는 법을 배울 수 있다. 즉, 우리 자신의 연결성을 받아들이고 이해하는 법을 배움으로써 우리는 지식의 가능성을 진정으로 확장할 수 있다.

| 2부 줌인: 지식 성찰의 요소들

물론, 자아와 감정은 우리 내면의 일부 측면에 불과하다. 우리가 지식의 총체를 진화시킬수록 우리 '자신'도 진화하며, 주변 세계와 관계를 맺고 새로운 관계를 형성할 때 우리의 잠재력을 최대한 활용할 수 있다. 총체적인 자아 감각을 가지고 행동할 때 우리는 가장 깊은 내면에 있는 영적 특성을 끌어낼 수 있고 변화 가능한 우리의 구성된 자질을 개선, 억제 또는 재평가할 수 있으며 우리 자신, 주변 세계와의 관계를 더 풍부하고 고상하며 효과적으로 만들 수 있다.

조화를 찾아서

지식 성찰을 실천하는 리더로서 우리는 이러한 진화된 자아 감각(통합되고, 내면과 외부 모두를 살피며, 총체적인)을 이용해 지식 성숙도를 높임으로써 검증되지 않은 편견에서 벗어나 두려움과 의심을 극복할 수 있다. 나의 자아 감각을 명확히 하면 직원, 동료 등 주변 사람들이 그들의 명확한 자아를 찾고 조직 전체의 성과를 높일 수 있도록 도울 수 있다.

이러한 조화롭고 총체적인 자아 감각을 얻으려면 자아의 여러 차원들 간의 상호연결을 인정하고 이해해야 한다. 이를 시도(혹은 실패)할 때 가장 흔히 생길 수 있는 오류는 일종의 범주 오류이다. 실제로는 자아의 많은 부분이 구성적, 인공적인데도 우리 자신의 모든 측면이 근본적이고 진정하다고 가정하는 것이다. 이는 심각한 문제인데, 무엇인가를 근본적인 것으로 인식하면 의문을 갖거나 도전하거나 바꾸려는 시도를 하지 않기 때문이다.

예를 들면, 편견이나 선호는 세상 속에서 결정을 내리고 효과적으로 행동할 수 있도록 해주는 휴리스틱heuristic | 경험적 지식-옮긴이이므로 유용한 것이 될 수 있다. 나는 내가 초콜릿 아이스크림을 선호한다는 사실을 알고 있기에 매장에 있는 모든 아이스크림을 맛보지 않아도 어떤 맛을 구매할지 결정할 수 있다. 당신이 종이를 파는 사람이라면 아직 주문이 증가하지 않았어도 어느 시즌에 사람들이 종이를 더 많이 사는지 경험을 통해 알기 때문에 그에 따라 재고를 늘릴 수 있다.

하지만 편견과 선호가 근본적인 것이라고, 즉 자신의 일부 혹은 세상의 일부라고 믿는다면 문제는 훨씬 심각해진다. 사람들이 다른 공급업체를 찾거나 디지털 도구를 대신 사용하게 되었는데도 종이 재고를 계속 두 배로 늘리는 꼴이 될 수 있다. 더 넓게 보면 이 과정은 인종차별이나 당파주의partisanship가 우리 사회에 깊이 뿌리를 내려 타협이 불가능하거나 발전할 길을 찾을 수 없는 상황에 이르는 것과 비슷하다.

이는 또한 우리가 불행해지고 우리 자신으로부터 멀어지는 원인이기도 하다. 나의 신성한 사아는 친절과 연민에 기반을 두고 있는데 어쩌다가 이기심과 신랄함이라는 구성된 가치관을 키우게 되었다면 세상을 살아가면서 깊은 불행을 느끼게 될 것이다. 오늘날 급증하고 있는 정신 건강의 위기는 부분적으로나마 바로 이러한 종류의 갈등과 단절에 기인한다. 우리가 진정한 자아를 보지 못하고 구성된 자아를 진정한 자아로 착각하면 할수록 슬픔, 혼란, 불안함 없는 삶을 살기가 힘들어진다.

물론 비즈니스 세계에서도 이런 일이 발생한다. 리더이자 근로자로서 우리는 번아웃의 급증을 경험하

> 실제로는 자아의 많은 부분이 구성적, 인공적인데도 우리는 자신의 모든 측면이 근본적이고 진정하다고 가정한다.

고 있는데, 이는 대부분 우리의 가치관과 목적의식이 뷰카 세계의 현실과 단절되어 있기 때문이다. 이러한 안개 속을 헤쳐 나갈 수 있는 진정한 가치관, 혹은 조직 전체에 진정한 가치관을 전달할 수 있는 리더가 없다면 불쾌감은 앞으로 몇 달, 몇 년간 커져만 갈 것이다.

필요한 것은 우리 자신에 대한 더 깊은 이해, 즉 자신을 그러한 혼란에서 끌어내거나 아예 그 속에 빠지지 않도록 하는 것이다. 자신과 자신의 감정, 촉발 요인, 개인적 신념, 깊은 가치관을 더 잘 이해할수록 자신이 처한 상황에 더 잘 대처할 수 있다. 자신의 인공적 자아와 진정한 자아를 모두 이해하면 다음과 같은 질문을 던질 수 있다. 지금 하는 이 일을 나는 왜 하고 있을까? 나는 인공적 신념에 이끌리는 것일까, 아니면 내가 나와 주변 사람들에게 진정으로 옳다고 알고 있는 것들에 의해 움직이는 것일까? 그리고 어떻게 하면 나의 진정한 가치관을 이용해 이 어려운 시기에 내 조직과 직원들이 필요로 하는 리더십을 발휘할 수 있을까?

물리학자 프리초프 카프라 Fritjof Capra는 그의 저서인 《현대 물리학과 동양 사상 The Tao of Physics》(범양사, 2010)에서 과학과 영성은 어떤 면에서는 정반대이지만 깊은 연관성이 있다는 점에서 동전의 양면과 같다고 주장한다. 그는 이 세상에서 평화롭고 의미 있게 존재하

기 위해서는 그 두 세계를 모두 탐구해야 한다고, 즉 동전의 양면을 다 보아야 한다고 주장한다. 그는 '중국의 옛 속담에 따르면 신비주의자들은 도의 뿌리는 이해하지만 가지를 이해하지 못하고, 과학자들은 도의 가지는 이해하지만 뿌리를 이해하지 못한다. 과학은 신비주의를 필요로 하지 않고 신비주의는 과학을 필요로 하지 않지만, 인간에게는 그 둘 다 필요하다'라고 썼다.

마찬가지로 우리는 우리 자신의 총체성을 보는 법을 배워야 한다. 즉, 구성된 자아와 진정한 자아를 인식하고 구별하는 법을 배우고 그 둘을 조화롭게 이용하여 지식을 '보고' 사용하는 방식, 조직을 이끄는 방식, 심지어 세상에 존재하는 방식까지 향상시키고 발전시켜야 한다.

'나'에서 '우리'로

진 러셀Jean M. Russell은 그녀의 훌륭한 저서 《번영 가능성Thrivability》에서 우리에게 행복을 가져다준다고 생각하는 것들이 사실 착각인 경우가 많다고 지적한다. 연구에 따르면 복권에 당첨된 사람과 끔찍한 사고로 걸을 수 없게 된 사람의 사고 1년 뒤 행복의 정도는 똑같다고 한다. 다시 말해, 갑자기 얻게 된 부나 갑작스러운 장애는 우리가 느끼는 행복의 수준에 영향을 미치지 않는다.

이는 우리의 행복이 실제로는 외견상의 욕구나 신념이 아니라 사랑이나 연민과 같은 보다 깊은 가치에 자리 잡고 있음을 잘 보여주는 놀라운 통찰이다. 이는 가치 자체의 심화뿐만 아니라 근본적인 특성의 변화에도 반영된다. 구성된 자아에서는 주로 자신과 자신의 욕구 및 필요(배고픔과 같은 감각에서부터 기쁨이나 두려움과 같은 기분, 부나 권력을 원하는 것과 같은 신념과 욕구에 이르기까지)에 집중하는 경향이 있다. 그러나 진정한 자아에서는 사랑이나 연민과 같은 보편적인 가치가 우선시되며, 이러한 가치를 존중하고 이를 위한 공간을 마련함으로써 진실하고 지속적인 평화, 행복, 기쁨을 찾게 된다.

이 장 시작 부분의 도표 왼쪽에 있는 화살표가 바로 이것을 설명한다. 표면적으로는 우리의 사회적 프로그래밍과 자아가 '나'에 집중하도록 유도하지만, 깊이 들어갈수록 점점 '우리'의 측면에서 생각할 수 있게 되는 것이다.

이것은 단순히 이기심과 이타심의 차이에 관한 것이 아니라, 세상과 어떻게 관계를 맺느냐에 대한 우리의 근본적인 사고방식에 관한 것이기도 하다. 달라이 라마Dalai Lama가 썼듯이 '사람들이 동료 인간과 주변 세계를 대하는 방식은 주로 그들이 자신을 어떻게 생각하느냐에 따라 달라진다.' '나'의 측면에서 세상을 보면 '이것은 내가 원하는 것이니까 너는 가질 수 없어' 혹은 '나는 나고 너는 너야'와 같이 차이점에 초점이 맞춰진다. 이는 본질적으로 제로섬 방식으로 세상을 바라보는 것이기 때문에 자연스레 우리를 갈등과 고립의 길로 이끈다.

'우리'라는 마음가짐을 가지면 상황은 전혀 달라진다. 차이점 대신 유사점과 공통점을 발견하고, 사람들을 그저 밀어내는 것이 아니라 상호연결의 방법을 찾게 된다. 자신의 가장 깊은 가치관을 포용하면 자신이 우주의 중심이 아니라는 사실을 알게 되며, 이를 통해 다른 사람들과 강력한 연결고리를 형성하고 배려, 연민, 사랑과 같은 가치를 받아들이게 된다.

이는 리더에게는 필수적인데 다른 사람들을 이해하고 그들과 연결되지 못하면 그들에게 영향을 미칠 수도 또 협업이나 공동 창조의 과정에 그들을 참여시킬 수도 없기 때문이다. 지식 성찰을 통해 '우리'라는 마음가짐을 중요하게 여길 줄 아는 리더는 더 효과적으로 소통하고, 변화하려는 노력을 더 성공적으로 조율하며, 다른 사람들의 창의적 재능을 이끌어 낼 수 있다.

비즈니스 리더를 돕기 위해 만들어진 책치고는 다소 모호하게 들릴 수도 있다. 하지만 조심하자! 그것은 당신의 구성된 자아의 생각일 수 있으므로. 연구에 따르면, 우리는 인간이 자기 이익을 우선시하는 이기적인 존재로 설계되었다고 생각할 수 있지만 더 깊은 수준에서 보면 실제로는 연민을 위해 설계되었다고 한다. 다른 대부분의 동물과 달리 인간의 뇌는 다른 사람의 행동을 볼 때 발화하는 거울 뉴런 **mirror neurons** 으로 가득 차 있다.

정신과 의사이자 정신분석학자인 다니엘 스턴 **Daniel Stern** 은 이러한 뉴런이 '타인의 정신적 삶에 참여'하고 주변 사람들의 의도와 감정을 공유하는 능력을 갖게 해준다고 말한다. 가장 기본적인 수준에서 보면 우리의 뇌는 본능적으로 공감을 하고, 주변 사람들의 행동 및 감정과 연결되어 그것을 이해하고 모방한다.

연구자들은 연민과 이타심이 진화된 특성이라고 믿는다. 다윈은 구성원들이 서로 협력하고 돕는 집단이 '가장 잘 번성하고 가장 많은 자손을 남길 것'이라고 주장했다. 최근에는 외부 세계에 관심을 가지고, 다른 사람들을 돕고, 깊이 내재된 가치관을 활용할 줄 아는 사람이 더 협력적이고, 더 신뢰할 수 있으며, 다른 사람들과 서로 유익한 교류를 이끌어 낼 가능성이 더 높다는 주장이 제기되었다. 즉, 이기심, 두려움, 의심과 같은 특성보다는 연민이나 친절과 같은 특성이 실제로 우리 개인에게 훨씬 '낫다'는 뜻이다.

어빈 라즐로와 같은 사상가들에게 이는 모든 생명체가 근본적으로 '일관성'(전체로서 자신의 체계를 유지하는 것)을 추구하듯이 다른 생명체와의 관계에서도 일관성에 의존한다는 통찰과 관련되어 있다. '일관성은 개인에서 멈추지 않는다'라고 라즐로는 《자기 실현적 우주》에 썼다. '생물권에서 생존 가능한 유기체는 개별적으로도, 집단적으로도 일관적이다. 그들은 초일관적supercoherent이다… 자체적으로 일관성이 없고 다른 종이나 생태와 일관된 관련이 없는 모든 종, 생태 또는 개체는 번식 전략에서 불리해진다. 소외되고 결국에는 자연 선택이라는 무자비한 작용에 의해 제거되어 멸종된다.'

라즐로는, 인간은 초일관성의 붕괴에 뒤따르는 생태학적 단점을 극복하기 위해 기술을 이용할 수 있으므로 그 규칙의 예외로 여겨졌다고 말했다. 하지만 우리는 이러한 '해결책'이 실제로는 임시방편에 불과하다는 사실을 점차 깨닫고 있다. 뷰카 세계의 리더로서 우리는 모든 운영 체계에 걸쳐 일관성을 구축하기 위해 다시 노력해야 하며, 이는 '우리'라는 사고방식 완전히 수용하는 것을 의미한다.

결론은 우리 자신을 더 잘 이해하고 지식의 총체와 관련된, 또 사람과 조직을 이끄는 우리의 능력과 관련된 우리의 지식을 더 잘 이해할수록 타인을 향해 더 나아가게 된다는 점이다. '우리'는 항상 '나'보다 강하다. 자신을 더 깊이 이해하고 우리가 가진 인간의 핵심 가치를 포용하고 활성화함으로써 우리는 개인으로서도, 리더로서도 이렇게 서로 연결되고 배려하는 태도로 세상을 살아갈 수 있다.

세상 속의 나

리더로서 우리는 복잡한 시스템을 직접 통제하거나 관리할 수 없다. 우리는 그저 우리 자신을 관리함으로써 우리가 속한 시스템에 참여하는 방식을 정의하는 역할, 관계, 행동을 관리할 수 있을 뿐이다. 그래도 이 복잡한 시스템의 역학을 이해하는 것이 굉장히 중요하다. 그 이유는 그것을 더 잘 이해하고 그것이 운영되도록 하는 연결고리들에 대해 더 잘 알수록 우리에게 도움이 되는 동시에 전체 시스템의 건강과 생명력까지 지원하는 행동을 취할 수 있기 때문이다.

지식 성찰을 실천하는 리더는 매우 예리하고 자기 인식이 뛰어나서 자신의 구성된 자아의 가치를 잘 인식한다. 그러면서도 지식의 질, 인식의 질, 궁극적으로 행동의 질을 높이기 위해 자신의 모든 층들을 통합하고 필요한 경우에는 재구성하기도 한다. 조화를 이룬다는 것이 바로 이런 것이다. 물론 지식 성찰을 실천하는 리더도 여전히 자신의 감정, 신념, 이성적 사고에 의존하여 리더십을 발휘한다. 하지만 그들은 자신의 인공적 혹은 구성된 측면이 그들의 근본적이고 진정한 자아에 확고하게 자리 잡도록 하기 때문에 훨씬 명확하고 확신 있는 행동과 리더십이 가능해진다.

새롭고 더 나은 종류의 지식을 찾고자 이 책을 선택했다면 정말 잘한 일이다! 자신을 이해하면 의식하지 못했던 진정한 지식의 원천을 발견할 수 있다. 또 자신이 지식의 총체 및 주변 세계와 어떻게 관련되는지를 이해하면 당신의 경험, 나아가 당신의 삶을 풍요롭게 할 수 있고 한 사람으로서, 리더로서, 뷰카 세계를 탐색하며 다른 사람들의 성공을 돕는 행위자로서, 자신에게 열려있는 가능성을 극대화할 수 있다.

또한 이러한 이해에 힘입어 주변 사람들로부터 더 많은 것을 얻을 수 있다. 빛이 무수히 많은 색으로 굴절되듯, 모든 사람의 독특하게 구성된 자아는 여러 새로운 관점과 통찰을 불러일으킨다. 지식 성찰은 이러한 사실을 인식하고 활용할 수 있도록 도와주며, 자신의 진정한 자아와 핵심 가치관을 보존하면서 타인에게 마음을 열고 현실에 대한 그들만의 감정과 해석을 존중하도록 해준다.

다니엘 골먼 **Daniel Goleman | 미국 출신의 세계적인 심리학자-옮긴이**이 말했듯이, 공감과 연민('나'가 아닌 '우리'의 관점에서 생각하는 능력)은 비즈니스 리더에게 필수적인 기술이다. 공감을 바탕으로 조직을 이끌면 다른 사람들과 잘 지낼 수 있고(또 그들의 역량을 최대한 끌어낼 수 있고), 주변 사람들의 시선으로 세상을 보는 법을 배움으로써 새로운 통찰력을 얻고 새로운 가능성을 발견할 수 있다.

다시 말하지만, 이것은 단순한 허풍이 아니다! 연구에 따르면 공감 능력과 다양한 관점에 마음을 여는 능력은 리더의 성과, 나아가 조직의 성과와 직접적인 상관관계가 있다. 회사가 성공하기를 원한

> **빛이 무수히 많은 색으로 굴절되듯, 모든 사람의 독특하게 구성된 자아는 여러 새로운 관점과 통찰을 불러일으킨다.**

다면 우선 자신을 깊고 의미 있게 이해하는 것부터 시작하여, 그 이해를 바탕으로 직원, 고객, 주변 세계와 관계를 맺는 방식을 바꾸어나가야 한다. 이것이 실제로 어떻게 이루어지는지 이해하려면 자아가 외부 세계와 어떻게 서로 연결되는지, 그리고 리더로서 어떻게 이를 활용하여 조직을 발전시킬 수 있는지 생각해 보아야 한다. 다음 장에서 그 내용을 살펴볼 것이다.

4장

외부 세계 이해하기

비즈니스 리더는 똑똑한 사람이기 때문에 위험할 수 있다. 수피교 신비주의자인 루미 Rumi 는 이에 대해 다음과 같이 말한다.

어제 나는 영리했기에 세상을 바꾸고 싶었다.
오늘 나는 현명해져서 나 자신을 바꾸고 있다.

루미는 단순히 세상을 있는 그대로 받아들이고 그에 맞게 자신을 끼워 맞춰야 한다고 말하는 것이 아니다. 내 생각에 그의 말은, 무작정 세상 속으로 뛰어들어 무엇인가를 바꾸려 한다면 아무것도 얻을 수 없다는 의미 같다. 세상과의 상호작용에 관한 모든 것은 자신과 세상의 관계에 대한 이해에 달려 있으므로, 세상을 바꾸거나 조직을 이끌기 위한 모든 시도는 신중한 자기 점검 과정에서부터 시작되어야 한다.

지난 장에서는 자아의 총체를 이해한다는 것이 당신과 당신의 리더십, 그리고 그것이 당신의 조직에 어떤 의미를 지니는지 살펴보았다. 이 장에서는 그 자아가 세상과 어떻게 연결되는지 묻고자 한다. 혼란스럽고 복잡한 세상에서 우리의 존재를 중재하는 관계는 무엇인가? 우리는 무엇의 영향을 받고, 다른 사람들에게 어떤 영향을 미칠까? 이러한 상호연결을 깊이 이해함으로써 우리는 우리 주변의 조직을 형성하고, 우리 자신의 총체성과 지식 성찰이 가져다주는 다른 모든 통찰을 활용해 조직과 주변 사람들의 역량을 최대한 이끌어 낼 수 있다.

이는 중요한 질문인데 다들 알다시피 뷰카 세계에서 살아가고 리더 역할을 하는 것은 충격적인 경험이 될 수 있기 때문이다. 세상은 혼란스럽고 빠르게 변화하며 이해하기 어렵지만, 그래도 우리는 우리가 할 일을 하고 가족을 부양하고 조직을 이끌고 소음과 혼란 속에서 명확함과 확실함을 달성하는 불가능해 보이는 과제를 책임져야 한다. 경영진의 번아웃 비율이 높게 나타나고 직원들이 사기 저하와 정신 건강 문제까지 겪고 있는 것은 그리 놀랄 일이 아니다.

대부분의 사람들은 뷰카 세계의 트라우마가 실제로는 효과적으로 행동하는 방법에 대한 지식의 부족에서 비롯된다는 사실을 깨닫지 못한다. 뷰카 세계의 모든 특성(불안정, 불확실, 복잡함, 모호함)은 오늘날의 세계가 어떤 상태에 있는지, 그리고 내일의 세계는 어떻게 될지에 대한 무지를 묘사하는 다양한 방식에 불과하다. 우리가 살고 있는 세상과 그 안에서 우리의 위치에 대한 지식의 부족이 우리에게 큰 고통을 안겨주는 것이다.

무엇보다도 나쁜 것은, 이 고통에 대해 우리가 움찔하고 숨어 버리는 반응을 보인다는 점이다. 주변 세계를 이해할 수 없을 때 우리는 내면으로 후퇴한다. 무지는 주변 사람들에 대한 두려움을 만들고, 이는 결국 불신을 불러일으킨다. 선입견이나 편견과 같은 취약한 확신에 빠져 외부 세계에 대해 우리의 생각을 테스트하거나 검증하려는 시도조차 중단해도 괜찮다고 스스로에게 말한다.

그곳은 살기에 위험한 곳이다. 남아프리카공화국의 철학자 존 맥도웰John McDowell이 그의 저서 《마음과 세계Mind and World》에서 '허공 속의 마찰 없는 회전frictionless spinning in a void'이라고 표현한 것처럼 우리는 세상, 우리가 살고 있는 맥락과 주변 사람들로부터 완전히 고립된 상태로 존재하게 된다. 우리가 세상과 덜 연결될수록 세상이 갖는 의미는 줄어들 수밖에 없다. 우리는 복잡성이 무지로, 무지는 고립으로 이어지며, 고립은 세상의 이해 불가한 복잡성에 대한 우리의 감각을 악화시키는 순환을 겪게 된다.

개인적 차원에서는 이러한 순환이 너무 쉽게 불안과 소외로 이어진다. 사회적 차원에서는 위험한 수준의 극단주의나 완고한 당파주의로 이어진다. 조직 차원에서는 뷰카 세계의 도전을 헤쳐 나가는 데 필요한 소통, 협업, 결속이 심하게 약화된다.

루미의 깨달음처럼, 단순히 우리의 의지대로 세상을 바꾸려고 하는 행위만으로는 그 문제를 해결할 수 없다. 이는 좌절과 실패로 이어진다. 하지만 리더로서 우리는 이러한 악순환을 깰 방법을 찾아야 한다. 즉, 물러서려는 경향에서 벗어나 주변 세계와 더 강력한 관계를 맺을 수 있도록 해야 한다. 이 장에서는 단순히 지식을 가지고 있거나 그것을 사용하는 것뿐만 아니라, 그 지식을 의미 있는 맥락에 배치하는 것이 해결책이라는 점을 고려해보기를 바란다. 영리한 것도 좋지만 현명해지는 것도 필요하다!

지식 성찰을 실천하면 이전에는 보이지 않던, 혹은 닿을 수 없었던 연결고리를 발견하고 이를 활용해 내가 세상에 존재하는 방식을 통합적, 총체적으로 한층 확고하게 만들 수 있다. 이를 통해 우리는 더 나은 소통, 행동, 의사결정을 할 수 있으며 나아가 자신과 조직의 성공을 이끌 수 있다.

내면을 들여다보는 것과 자아의 총체성을 이해하는 행위의 중요성은 이미 살펴보았다. 이제 한 단계 더 나아가 우리가 속한 생태계(자연환경뿐만 아니라 가족, 조직, 지역사회, 국가, 심지어 우리가 공유하는 지구까지)를 내다보는 것도 리더십에 포함된다는 것을 인식할 때다. 자기 인식의 총체를 이 생태계와 연결하고 이를 활용해 직원들이 그들의 자기 인식의 총체를 발휘할 수 있는 환경을 조성함으로써, 우리는 함께 번창하고 자신과 다른 사람들을 위한 성공을 이끌어낼 수 있다.

맥락이 중요한 이유

맥락이 왜 중요하냐고 사람들이 물어보면, 나는 스포츠카에 관한 이야기를 들려주곤 한다.

당신이 꿈에 그리던 자동차, 예를 들어 람보르기니를 상상해 보자. 반짝이는 페인트칠, 굉음을 내는 엔진, 운전석에 앉았을 때의 그 놀라운 느낌. 그 자동차를 만들어내기 위해 투입된 수많은 시간의 연구와 장인 정신, 당신이 운전을 배우고 차량의 모든 부품을 연구하는 데 들인 시간들. 가속 페달을 끝까지 밟고 아주 빠른 속도로 고속도로를 신나게 질주할 때의 짜릿함을 상상해 보자.

그때 갑자기 창문이 검게 변하더니 주위의 아무것도 보이지 않는다고 상상해 보자. 당신은 여전히 그 멋지고 정교하게 튜닝된 자동차의 운전석에 앉아 있지만, 고속도로를 달리는 일은 더는 짜릿한 일이 아니라 끔찍한 일이 되고 만다!

이는 오늘날 리더가 자신의 지식 프로세스는 이해하지만 자기가 처한 상황의 맥락에 대한 인식과 통찰이 부족할 때 맞닥뜨리게 되는 상황이다. 개인으로서 얼마나 강력하거나 유능하거나 똑똑한지는 중요하지 않다. 자신의 지식 프로세스를 주변 세계와 연결하지 못하면 불쾌한 충돌로 이어질 수 있는 것이다.

결국 지식에 있어서는 맥락이 가장 중요하다. 지식이 되려면 외부 세계에서 들어오는 혼란스러운 신호들의 우선순위를 정하고 분류하고 주의를 기울이고 분석하며 분명한 목표를 향해 나아가야 하는 등, 지식에는 목적이 있기 때문이다. 우리의 지식이 감각을 통해 내면으로 들어오든 핵심 가치관으로부터 직접 솟아오르든 다른 모든 것과 관련하여 우리가 어디에 서있는지를 알아야만 그것을 이해할 수 있다.

앞서 말했듯이 이는 아르키메데스의 지렛대 이야기와 비슷하다. 이 그리스인은 긴 지렛대와 단단한 받침점만 있으면 세상을 바꿀 수 있다고 말했다. 여기서 지렛대는 지식이지만, 그 지렛대를 활용하려면 세상의 다른 모든 것과 관련하여 견고하고 목적이 있는 위치, 즉 확고한 토대가 필요하다.

하지만 뷰카 세계에서는 단순히 내가 누구인지뿐만 아니라 다른 모든 것과 관련하여 내가 누구인지에 대한 감각, 즉 확고한 위치를 찾기가 어려울 수 있다. 외부 환경과 내부 자아의 모든 변화나 발전은 우리가 주의해야 할 새로운 신호와 메시지를 만들어내는데 어떤 것은 약하고 어떤 것은 강하며, 어떤 것은 모호하거나 혼란스럽고 어떤 것은 명쾌하며, 어떤 것은 진정성 및 의미가 있고 어떤 것은 가짜이거나 오해의 소지가 있다.

이러한 신호는 끊임없이 쏟아지며 더 많은 신호가 유입될수록 그 신호를 이해하고 정리하기가 어렵고 우선순위를 정하거나 우리의 주의와 집중을 어디로 돌려야 할지 결정하기가 힘들어진다. 이때 우리의 목적 의식은 마치 자석처럼 해당 순간에 가장 중요한 신호만 끌어들이고 나머지는 배제한다. 다시 말해 지식에 대해 생각할 때 우리가 알고자 하는 것은 애초에 왜 지식을 추구하는지에 따라 크게 달라진다.

물론 이것이 무지와 소외의 순환이 유해한 이유이다. 세상으로부터 멀어질수록 목적의식이 좁아지고 당신의 시야를 넓혀줄 신호를 찾지 못하게 된다. 그러면 진화는커녕 끝없는 고립의 순환에 갇히게 될 것이다.

하지만 이러한 통찰이 리더와 조직에도 매우 중요하다는 사실이 당장은 눈에 띄지 않을 수도 있다. 리더로서 우리 자신에 대한 감각, 즉 자기 인식에서 비롯된 정체성은 우리가 부하 직원에서부터 조직 전체, 고객에서부터 경쟁사에 이르기까지 주변 세계와 어떻게 관련되는지 결정하는 데 중요한 역할을 한다.

리더로서 우리는 또한 조직이 스스로에 대한 감각을 형성하고 우리 모두가 열망하는 공유 가치 및 비전을 반영하는 조직 정체성을 만드는 데 주된 역할을 한다. 우리가 조직에 대해 가지고 있는 정신적 이미지, 또 우리가 조직을 편성하고 이끄는 데 사용하는 은유는 조직이 운영되는 맥락을 이해하는 방식이나 운영 전반에 걸쳐 지식을 도입, 분류, 사용하는 방식에 직접적인 영향을 미친다.

기계에서 살아있는 시스템으로

당신에게 당신의 조직에 대해 어떻게 생각하는지 묻는다면 당신은 '우리는 이런저런 제품을 판매합니다' 또는 '이런저런 서비스를 제공합니다' 또는 '이런저런 고객들을 응대합니다'라고 말할 것이다. 충분히 그럴 만하다. 하지만 그런 대답은 회사가 하는 일에 관한 것이지, 회사가 어떤 곳인지에 관한 것이 아니다.

리더로서 우리는 당연히 회사가 무슨 일을 하는지 알고 있어야 한다. 조직이 어떻게 운영되는지에 대한 명확한 이미지 또한 필요하다. 이는 조직 문화를 형성하고, 조직의 여러 부분이 상호작용하는 방식을 설명하며, 조직이 최대 역량을 내도록 하려면 우리 자신이 어떻게 행동해야 하는지 결정하는 지침이나 운영상의 은유이다.

한 가지 문제는, 경영 대학원이나 이사회실에서 흔히 듣게 되는 이러한 원칙에 대한 설명은 뷰카 세계의 현실과는 전혀 맞지 않는다는 점이다.

이 문제는 산업 효율성의 선구자이자 최초의 경영 컨설턴트 중 한 명인 기계공학자 프레드릭 윈슬로 테일러Frederick Winslow Taylor가 1909년에 《과학적 관리법The Principles of Scientific Management》(모디북스, 2016)을 출간하면서 대두되었다. 테일러는 이 선구적인 저서에서 직장은 사실상 하나의 기계이며 사람들을 피스톤이나 풍차와 거의 같은 방식으로 취급함으로써 최적화 및 운영이 가능하다는 아이디어를 제시했다.

이 테일러리즘Taylorism은 올더스 헉슬리부터 찰리 채플린까지 수많은 사람들이 패러디를 하는 등, 수년에 걸쳐 많은 비판을 받았지만, 그 핵심 교리는 오늘날의 기업 문화에 깊이 뿌리를 내리고 있다. 아마존처럼 직원들을 한계점까지 '최적화'하는 회사나 '서열화' 방식을 이용해 성과가 저조한 직원들을 걸러내는 기업들을 보면, 회사와 직원은 기계와 같다는 개념이 여전히 힘을 발휘하고 있음을 알게 된다.

물론 이 개념에는 많은 문제가 있다. 하지만 지식 성찰의 관점에서 볼 때, '기계 은유'는 리더의 역할이 그저 버튼을 눌러 기계가 정해진 트랙에서 작동하도록 하는 것뿐임을 시사한다는 점에서 특히 유해하다. 이러한 관점에서 보면 개별 직원이 의견이나 통찰력을 가질 여지도 없고, 가설에 도전하거나 의문을 제기할 여지 또는 진화나 변화의 여지도 없으며, 단지 정해진 틀과 끊임없는 효율성 추구만이 있을 뿐이다.

테일러리즘을 따르는 리더는 조직 전체를 하나의 고정된 시스템으로 여긴다. 그들은 기계적 이점을 좀 더 얻고자 이곳저곳을 약간씩 조정할 수는 있지만 원칙적으로는 모든 것이 고정되어 있다. 회사가 이미 기본적으로 올바른 궤도에 올라가 있어서 변화가 필요하지 않다면 괜찮을지 모르지만, 뷰카 세계에서는 훨씬 뛰어난 민첩성과 적응력이 필요하다. 우리는 회사를 새로운 방향으로 이끌고, 직원들이 창의력과 통찰력을 발휘하여 전례 없는 도전을 극복할 수 있도록 해야 한다.

이를 달성하려면 새로운 운영 은유가 필요하다. 지식 성찰을 실천하는 리더는 세상, 그리고 조직이 테일러가 상상한 것보다 훨씬 복잡하고 흥미진진하다는 점을 인식한다. 그들은 조직을 단순한 기계적 시스템이 아닌 살아있는 시스템으로 여긴다. 이는 복잡하고 유기적이고 끊임없이 변화하는 시스템, 연결된 개인들의 네트워크를 통해 표현되는 지식 체계로 구성되며 더 크고 밀도 높게 상호연결된 생태계에 속하는 시스템이나.

당신의 정신적 이미지가 조직이 기계가 아니라 살아있는 시스템이라고 알려주면, 여러 중요한 것들이 달라진다. 우선, 조직을 근본적으로 인간 중심으로 인식하게 된다. 사람은 단순히 교체 가능한 톱니바퀴가 아니라 사업이 직면한 과제들에 대해 매우 중요한 관점과 통찰을 가진 개인이다.

결정적으로 이러한 사람들은 고립된 상태로 운영되지 않는다. 조직을 진짜 살아있는 시스템으로 만드는 것은 사람들 사이의 연결(조직 차트나 계층 구조가 아니라 변화하는 사회적 유대감과 지식 공유 및 지식 생성의 유기적 네트워크라는 새로운 망)이다. 로열더치쉘Royal Dutch Shell의 임원인 아리 드 호이스Arie de Geus는 이 점을 아주 잘 지적한다. '기업은 살아있는 존재이기 때문에 배울 수 있다'라고, 그는 《살아있는 기업The Living Company》(김앤김북스, 2012)에 썼다. '기업이 단순히 '자산의 묶음'에 불과하다면 죽은 것일 테고, 학습은 불가능할 것이다.'

그러므로 조직을 살아있는 시스템으로 보면 당신의 자아상이 달라진다. 이제 리더로서 당신이 할 일은 단순히 호루라기를 불거나 당신이 만든 기계를 작동시키는 레버를 당기는 것이 아니다. 대신, 소통과 연결이 이루어지는 비공식 네트워크를 육성함으로써 그 살아있는 시스템 전체를 육성시키는 것이다. 단순히 지시를 내리는 것이 아니라, 전체 생태계에 이로운 방식으로 당신 자신의 존재감을 키우고 조직과 조직의 지식이 번창할 수 있는 환경을 만드는 것이다.

집단 지성으로 가는 길

조직의 연결을 강화하는 과정 중 하나는 조직을 구성하는 단일 시스템은 없음을 인식하는 것이다. 당신의 조직은 다른 조직들로 구성된 더 큰 시스템(또는 생태계)의 일부이며, 이는 다시 지역적, 궁극적으로는 전 세계적으로 연결된 일련의 다른 거시체계macrosystem의 일부이다. 당신의 조직 역시 상호연결된 기능 부서와 실무 공동체로 구성되며, 이는 다시 역동적인 지식 체계로 구성된 개인들(이전 장에서 살펴본 것처럼)로 구성되어 있다.

지식 성찰을 실천하는 리더는 이를 이해하고 자신과 조직을 크고 작은 미시체계 microsystem 와 거시체계의 역동적이고 상호 의존적인 네트워크의 일부로 보려고 끊임없이 노력한다. 베르나 앨리 Verna Allee | 미국의 비즈니스 컨설턴트 겸 작가-옮긴이의 주장처럼 비즈니스는 '네트워크화된 살아있는 시스템의 형태로 진화하고 있으며', 이에 따라 리더는 조직 전반에 걸쳐 지식을 관리하는 새로운 방법을 배워야 한다. 비즈니스를 살아있는 시스템으로 보는 것은 단순한 은유가 아니라, 현재 우리가 공유하고 있는 격동의 세계에서 실제로 필요한 것이며, 새로운 관리 및 리더십의 방식으로 우리를 인도할 수 있는 매우 실용적인 통찰이기도 하다. 앨리는 '우리는 엔지니어링과 리엔지니어링 reengineering | 기업의 구조와 경영방식 등을 근본적으로 재구성하여 성과를 높이려는 경영 기법-옮긴이을 마스터했지만 살아있는 시스템에는 다른 사고방식과 완전히 다른 관리 도구가 필요하다'고 썼다.

리더로서 자신이 살아있는 시스템을 돌보고 있다는 사실을 인식할 때 떠오르는 한 가지 통찰은, 모든 수련의가 배우는 원칙, 즉 '무엇보다도, 해를 끼치지 말라' first, do no harm는 원칙을 따르는 것이 더 중요해진다는 점이다. 리더인 우리가 살아있는 생태계에 대한 책무를 인식할 때, 우리의 결정은 더욱 중요한 의미를 지니며 우리의 책임도 더 커진다.

다행히, 지식 성찰을 실천하는 리더인 우리는 이 새로운 역할로 성장할 수 있는 도구도 갖추고 있다. 우리는 팀과 조직의 집단 지성을 활용해 각 개인의 연결을 외부로 뻗어나가는 센서로 전환하여 주변 세계를 더 완벽하게 인식할 수 있는 것이다.

이는 마치 망막이 하나인 사람의 눈과 파리의 겹눈의 차이와 같다. 수천 개의 다양한 시각 감지기로 구성된 파리의 눈은 굉장히 민감해서 환경 변화에 훨씬 빠르게 반응할 수 있다. 지식 성찰을 실천하는 리더가 네트워크 전체를 이용하고 조직 전체의 지식 및 통찰력을 활용하면 그와 비슷하게 시야가 더 넓어지며, 이를 통해 뷰카 세계의 혼란 속에서도 더 빠른 대응과 더 나은 결정이 가능해진다.

지식 성찰을 실천하는 리더는 집단 지성의 길을 찾는 방식이 무작정 레버를 밀어 기계가 더 많은 제품을 생산하도록 명령하는 것이 아님을 인식한다. 따라서 그들은 정말 중요한 것은 자신의 기술이나 경험, 전문 지식이 아니라 자신의 지혜를 활용해 다른 개인이나 집단의 지혜를 키울 수 있는 방법임을 인식하고 있다. 결국 가장 현명한 리더는 다른 사람을 지혜로 이끌고, 다른 사람의 지혜를 활용해 조직을 관통하는 지식과 지혜를 끊임없이 증폭시키고 향상시킬 줄 아는 리더이다.

연결을 시작하는 방법

이 마법은 리더와 조직 사이, 즉 자신과 다른 사람 사이에서 일어난다. 단순히 올바른 길을 제시하고 명령만 내리는 것으로는 충분하지 않다. 주변 사람들과 연결을 맺고, 그 연결을 이용해 권한 부여, 참여, 진화의 문화를 만들어야 한다.

물론 그 과정에서 우리의 사회 관계와 소통 능력은 기본이다. 인간이 사회적 동물이라는 말은 언제나 옳다. 시인 존 던 John Donne의 말처럼, 우리 모두는 '인류에 속해' 있으며, 다른 사람들의 개별 세계가 우리 세계의 일부인 것처럼 우리도 다른 모든 사람의 우주의 일부이다('대륙의 한 조각, 전체의 일부').

심리학자 니컬러스 험프리 Nicholas Humphrey에 따르면, 사실 우리를 인간으로 정의하는 것은 양적 지능이 아니라 이러한 연결을 보고 질적 지능을 활용하는 능력이다.

> **단순히 올바른 길을 제시하고 명령만 내리는 것으로는 충분하지 않다. 주변 사람들과 연결을 맺고, 그 연결을 이용해 권한 부여, 참여, 진화의 문화를 만들어야 한다.**

지식 체계를 더 신중하게 관리하고 성장시키려 할 때에는 다리를 구상하고 구축하는 능력, 사회적 역학 관계와 소통 방식을 이해하고 활용하는 능력이 필수 역할을 한다.

실질적인 측면에서 다른 사람들과 효과적인 연결을 맺으려면 차이점 대신 유사점을 보는(그리고 찾아내는) 능력이 필요하다. 지식 성찰을 실천하는 리더에게 다양성은 단순한 슬로건이나 추상적 개념이 아니라, 매우 중요한 현실이다. 지식 체계에 내재된 풍요로움을 온전히 드러낼 수 있도록 해주는 것이 바로 세상을 바라보는 다양한 관점과 대안적인 방식이기 때문이다.

지식 성찰을 실천하는 리더가 자신의 관계를 온전한 자아에 고정시키는 능력, 자신의 영적 차원을 끌어내 다른 사람들과의 관계를 심화시키는 능력이 가치를 발하는 순간이 바로 이때이다. 우리의 가장 깊은 가치는 일반적으로 인간의 보편적인 가치이기 때문이다. 다른 사람들에게 친절, 연민, 겸손, 인간애를 가지고 다가가면 훨씬 깊은 수준으로 그들과 효과적으로 연결될 수 있게 된다.

다시 말해, 다른 사람들과의 사이에 다리를 놓기 위해서는 우리 자신의 다차원적 자아(자아와 감정의 가장 작은 부분에서부터 이성적 마음, 영적 차원에 이르기까지 자신의 완전한 총체)와 주변 세계 사이에 다리를 놓아야 한다. 이것은 결국 주변 사람들에게 우리 자신의 약한 모습을 드러내고 솔직해져서 우리에게 가장 중요한 것들을 불확실하고 위험한 환경과 직접 접촉하게 만드는 것이므로, 겁이 나는 일일 수도 있다.

그러나 그러한 방식의 참여, 즉 우리의 가장 깊은 특성과 자질을 끌어내어 세상과 연결시키는 것이야말로 뷰카 세계에서 많은 사람들이 경험하는 본능적인 회피와 점차 심화되는 고립을 거부하는 것을 의미한다. 결국, 우리의 온전한 자아에 대한 명확한 총체적 감각의 일환으로 내면에서 가장 강한 것들(영적 가치, 감정적 통제, 인간적 정체성)을 이끌어낼 때, 우리는 관계를 강화하고, 다른 사람들과 솔직하고 자신 있게 소통하며, 자신과 주변 모든 사람에게 소속감, 성장, 풍부한 지식 공유를 제공하는 환경을 조성할 수 있다.

이 모든 것을 종합하면 내적 가치와 진실을 바탕으로 외부 세계의 상황 및 사람들과의 상호작용을 이끌고, 그렇게 얻은 지식을 자신의 더 깊은 지식 프로세스에 통합할 수 있게 된다. 이를 통해 자신이 사용하는 정신 모델을 검증 및 개선하고 이를 자신의 핵심 가치와 서로 대조해 보면 혼란스러운 뷰카 세계에서도 올바른 방향으로 나아갈 수 있을 것이다.

이는 개인뿐만 아니라 기업도 적용해 볼 수 있는 강력한 접근 방식이다. 스웨덴의 스토라Stora라는 회사를 생각해 보자. 서기 850년에서 1080년 사이에 스웨덴의 구리 광산에서 설립된 스토라는 흑사병을 비롯한 우여곡절을 겪었지만, 그 뒤 수 세기 넘게 살아남고 번창했다. 수력 펌프와 통합 관리 방식을 이용하는 신기술을 받아들여 혁신적인 효율성을 높임으로써 스웨덴을 유럽 구리 산업의 강자로 만들었다. 1800년대에는 임업 경영으로 사업을 확장하여 구리 외에도 은, 황산, 신문 용지, 페인트를 생산했다. 1998년 스토라는 경쟁 제지업체와 합병하여 펄프 및 임업 대기업인 스토라엔소Stora Enso를 설립했으며, 이는 천 년 역사를 지닌 기업으로서는 놀랄 만큼 새로운 장을 연 것이었다.

스토라는 그저 운이 좋았거나 엄청나게 혁신적이거나 경영을 유별나게 잘해서 성공했던 것이 아니다. 스토라가 성공을 거두고 종교개혁, 산업혁명, 두 차례의 세계 대전에도 살아남을 수 있었던 건, 경영진이 주변 세계에 발맞추어 비즈니스 모델을 계속 변화시켰기 때문이다. 수 세기에 걸쳐 스토라는 구리 채굴업, 대규모 수력 발전, 화학 제조업, 철 제련 등의 사업을 벌여왔다.

하지만 스토라의 경영진은 주변의 변화하는 세상에 대한 감각과 회사라는 존재에 대한 깊은 신념을 바탕으로 비즈니스 모델을 변화시켰다. 스토라는 연결성 없는 산업에 진출했던 것이 아니라, 이미 있던 것을 기반으로 더 깊이 있게, 그리고 변화하는 세상과 소통하는 방향으로 사업을 확장시켜 난해해 보이는 문제에 대한 새로운 기회와 해결책을 마련했다. 아리 드 호이스는 "스토라는… 그 과정에서 기업 정체성이나 기업의 생명력을 희생하지 않고도 극적인 변화를 이루어낼 수 있었다"고 말한다.

물론 우리의 목표를 단순히 세상에 각인시킬 수는 없다. 우리가 리더로서 해야 할 일 중 하나는 우리가 활동하는 생태계의 구조를 이해하고 그것이 어떤 제약을 가하는지 확인해서 그러한 제약에 순응할 것인지, 우회적인 해결책을 찾을 것인지, 아니면 (가능한 경우) 그 제약을 바꾸거나 없앨 방법을 찾는 것이다.

그러나 이러한 구조적 제약을 극복할 수 있는 길을 찾으려면 조직의 목적과 방향에 대한 명확한 의식도 필요하다. 드 호이스는 스토라와 같은 기업은 '미래에 대한 기억'을 토대로 성공한다고 주장한다. 즉, 생생한 미래 비전을 토대로 리더가 유입되는 정보를 빠르고 효과적으로 분류하고 관련성을 부여하여, 두드러진 변화나 사실을 활용해 그들이 구체화한 미래를 향해 나아갈 수 있도록 지원하는 것이다. 여기서 미래에 대한 기억은 우리의 개별적인 지식 체계를 안내하기 위해 솟아오르는 내면 깊은 곳의 가치와 비슷하며, 이 가치들은 우리를 뷰카 세계로 안내하는 도덕적, 지적, 창의적 북극성과 같다.

지식 성찰을 실천하는 리더

조직의 변화에 영향을 미치는 지식 성찰 리더십의 힘을 이해하고 싶다면 2008년 중무장한 테러리스트들이 인도의 고급 호텔을 습격한 뭄바이 타지 테러 사건을 떠올려 보자. 끔찍한 폭력 사태로 수십 명이 사망했다. 하지만 호텔을 빠져나간 수천 명의 투숙객은 호텔 직원들의 놀라운 용기와 희생에 감동했다.

손님들 주위로 인간 벽을 만들어 보호한 웨이터들부터 재빨리 손님들을 은신처로 데려가 대피가 가능해질 때까지 몇 시간 동안 물을 나눠주고 위로해 준 연회 팀까지, 타지 호텔 직원들은 힘을 모아 손님들의 안전을 지키고, 서로 돕고, 그들이 처한 예기치 못한 끔찍한 상황에 대한 해결책을 찾아 나갔다.

타지 호텔 직원들이 위기의 순간에 그토록 효과적으로 행동하고, 일부는 안타깝게도 목숨까지 바쳐 손님들을 보호할 만큼 고용주에게 충성심을 보인 이유는 무엇일까? 그것은 바로 상사와 관리자로부터 보고 배운 리더십 때문이었다.

타지 그룹은 오래전부터 신입 사원을 채용할 때 그들의 기술과 능력뿐만 아니라 가치관도 고려하는 것으로 유명하다. 또한 직원들이 고객의 편에 서도록 교육하고 그들의 핵심 가치관을 바탕으로 예상치 못한 상황에 신속하게 대응할 수 있도록 하는 것으로도 유명하다. 아마도 가장 중요한 것은 이 그룹이 리더를 교육하는 방식일 것이다. 상사부터 고위 임원까지 모든 리더가 부하 직원에게 계속 관심을 가지고 확인하면서 인정과 정서적 지원을 제공하고 기회와 도전에 대한 직원의 관점을 적극적으로 구할 수 있도록 교육하는 것이다.

이는 지식 성찰이 조직 차원에서 작동하고 있다는 신호이며 이는 큰 성과를 낳는다. 위기의 순간에 처했을 때, 직원들은 상황을 분석하는 방법과 고객 및 동료 모두를 돕기 위해 온전한 자아를 활용해 신속하게 대응하는 방법을 알고 있다. 또한 직원을 인간으로서 진심으로 소중히 여기는 문화에 통합되고, 직원들의 온전한 다차원적 자아를 끌어내 참여시키고 격려하고 지원하는 리더의 훈련을 받았기 때문에 해결책을 찾고자 하는 동기도 있다.

지도자로서 타지 테러 공격처럼 끔찍한 상황에서 조직을 이끌어야 하는 일은 절대로 없기를 바란다. 하지만 생사가 걸린 문제는 아니라도 뷰카 세계에서 우리 조직들은 끊임없이 예기치 못한 매우 어려운 상황에 처하게 된다.

이러한 도전에 대비하고 극복할 수 있는 유일한 방법은 우리의 온전한 자아를 활용해 조직을 이끄는 것이다. 즉, 우리 자신의 총체성을 바탕으로 직원들과 신중하게 소통하여 그들의 역량을 최대한 이끌어내고, 최악의 상황에서도 그들이 일어나 손을 내밀고 성과를 거둘 수 있도록하는 문화를 구축하는 것이다.

지식 성찰을 통해 우리는 연민, 정서적 에너지, 본능, 이성적 마음, 영성 등 우리가 가진 최고의 특성들을 활용하고 그 총체적 툴킷을 이용해 다른 사람들에게 다가갈 수 있다.

자신의 지식 체계의 전체 폭과 깊이를, 즉 자신의 자아 전체를 이해할 때, 우리는 다른 사람들과 강력하고 깊게 연결될 준비를 더 잘 갖추게 된다. 이러한 연결을 토대로 궁극적으로는 조직 내 체계와 문화를 구축하여 직원을 육성하고 소속감을 부여하며 다양한 팀을 결속력 있고 회복 탄력적인 전체로 통합하는 접착제 역할을 하는 강력한 비전을 전달할 수 있다.

자신과 주변 세계에 대한 이해를 형성하는 데 필요한 인식과 능력에 따라 주변 세계를 얼마나 잘, 얼마나 효과적으로 형성할 수 있는지 그리고 다른 사람들을 얼마나 잘, 얼마나 효과적으로 이끌고 고무하고 육성할 수 있는지가 결정된다.

이러한 연결을 의도적으로 구축함으로써 우리는 지식 성찰이 단순한 자기 몰입 그 이상임을 알게 된다. 지식 성찰은 우리 모두가 자신을 서로 연결된 시스템의 일부로 보고, 그러한 연결을 활용해 자신과 자신이 속한 시스템을 함께 발전시키도록 하는 원동력이 된다. 자신을 안다는 것은 우리가 더 큰 전 지구적 생태계(미래학자 제임스 러브록James Lovelock이 '가이아'Gaia라고 부르는 자율 규제 시스템)의 일부인 사회적 존재이며 다른 모든 생명체와 불가분의 관계에 있다는 사실을 인식하는 것이다.

이 깊고 보편적인 연결성, 즉 우리 개인의 가치관과 통찰력을 약화시키는 것이 아니라 오히려 그에 의해 강화되고 풍요로워지는 연결성 이야말로 뷰카 세계에서 기쁨과 의미를 찾는 열쇠이다. 베르나 앨리는 "비즈니스의 세계를 중심이 아닌 가장자리에서 이야기한다면 어떻게 설명할 수 있을까요?"라고 묻는다. 마찬가지로 지식 성찰은 우리가 너무 오랫동안 우리 자신과 우리가 운영하는 사업에 대해 이야기해온 편협하고 고립된 이야기 너머를 바라볼 수 있도록 해준다.

뷰카 세계에서는 자신을 이해할 줄 아는 지식 성찰을 실천하는 리더가 필요하다. 그러나 또한 이러한 이해를 바탕으로 주변 세계와 관계를 맺고 변화시킴으로써 배려, 육성, 자비가 있는 문화를 조성하여 지식이 원활하게 흐르고 모두가 풍부한 사회적 자본을 누릴 수 있도록 하는 리더도 필요하다.

이를 위해서는 자신감, 명확성, 확신이 필요하다. 하지만 동시에 겸손함도 필요하며, 뷰카 세계의 제약을 받아들이고 성공을 위해서는 다른 사람들을 믿고 의지할 줄도 알아야 한다.

이는 역설이나 모순처럼 보일 수도 있지만, 지식 성찰이 단순한 '이것 아니면 저것' 식의 이분법을 거부하고 '둘 다/그리고' 식의 관점으로 세상을 이해하도록 요구한다는 사실을 기억하면 쉽게 해결될 문제이다. 뷰카 세계를 자신 있게 헤쳐 나가기 위해서는 우리의 행동이 불확실성에 의해 절제되도록 허용하고, 개인적 지식의 한계를 받아들여 다른 사람이 제공하는 지식에 손을 뻗어 최대한 활용할 수 있도록 해야 한다. 자신감과 겸손은 모두 강력한 도구이며, 지식 성찰을 실천하는 리더는 상황에 따라 이 두 가지를 적절히 사용함으로써 다른 사람들의 지식을 자신의 지식 체계 전반에 걸쳐 활용할 수 있는 강력한 자원으로 만들 수 있다.

감정이나 이성적 마음으로만 접근하여 맺은 연결은 금세 사라지거나 깨지기 쉽다. 우리의 온전한 자아를 움직여 모든 지식 체계를 활용해야 사람들과 더 깊고 지속적인 연결을 맺고, 우리 조직의 전반에 걸쳐 신뢰, 충성도, 뿌리 깊은 지식 공유 문화를 구축할 수 있다.

지식 성찰을 실천하는 리더는 이러한 총체적이고 서로 연결된 통찰력을 통해 다른 사람의 관 | **자신감과 겸손은 모두 강력한 도구이며, 지식 성찰을 실천하는 리더는 이를 적절히 사용함으로써 다른 사람들의 지식을 강력한 자원으로 만들 수 있다.**

점이 자신이 씨름 중인 과제에 귀중한 대안적 관점이 된다는 점을 알 수 있다. 그들은 지식은 그 자체로 하나의 창발적 현상임을 깨닫는다. 즉, 우리 모두를 하나로 묶는 보편적인 경험이면서도, 각 개인의 경험은 각자에게만 고유하다는 것을 말이다. 얼핏 듣기에는 유아론唯我論, Solipsism | 실재하는 것은 자아뿐이고 다른 모든 것은 관념이나 현상일 뿐이라는 입장-옮긴이적으로 들릴지 모르지만, 사실 그 반대이다. 이러한 독특한 경험의 집합과 상호작용을 통해 새로운 패턴, 새로운 가능성, 새로운 앎의 방식(내가 '집단 지성'이라고 부르는)이 실현되기 때문이다.

뷰카 세계는 너무 압도적이라 개인이 효과적으로 살아가기가 불가능해 보일 수도 있다. 하지만 지식 성찰은 우리가 현실을 함께 창조할 수 있다는 **통찰**에 기반한다. 즉, 우리는 이 뷰카 세계를 홀로 살아가지 않아도 되는 것이다. 이러한 사실을 받아들이고 자신에 대한 이해를 바탕으로 다른 사람들과 연결을 맺고 그 연결을 조직 전체에 걸쳐 넓혀감으로써, 우리는 효율성뿐만 아니라 지식의 흐름에 최적화된 역동적인 조직을 만들 수 있다.

이런 방식으로 지식 성찰은 개인으로서의 우리를 괴롭히는 소외된

무지의 순환에 대한 해결책을 제공한다. 또한 테일러주의의 파괴적이고 제한적인 논리에 대한 대안도 제시한다. 개인 간, 조직 내, 다른 조직들, 그 너머에 이르기까지 깊고 효과적인 연결을 맺음으로써 우리는 지식의 창발적 속성을 포착하고, 단순히 기계적 관리자가 되는 것을 넘어서서, 우리 조직이 뷰카 세계에서 번창하는 데 필요한 지식 성찰 리더로 진화할 수 있다.

3부

줌아웃: 지식 성찰의 원동력

지식 성숙으로 가는 길

    코로나19로 인한 봉쇄 첫날이 나에게 어떤 영향을 미쳤는지는 이미 설명한 바 있다. 앞으로 무엇을 해야 할지 고민하며 보스턴 거리를 헤맸던 일, 그 과정에서 차츰 내가 걸어온 길을 재평가하고, 직업상의 변화를 겪고, 새로운 연결과 새로운 이해를 구축하여 결국 이 책을 쓰게 된 이야기 말이다.

    그 혼란은 나에게 하나의 계기가 되었다. 그로 인해 나는 내가 어디에 있고 무엇을 원하는지에 관한 어려운 질문들을 던지고, 내 삶의 진정한 목적이 무엇인지 생각해 볼 수밖에 없었다. 사실 그때 나는 수년 동안 헌신해 온 학문 분야인 지식 관리에 관한 편협한 생각을 멈추고, 대신 내 삶에서 지식에 대한 이해 및 지식의 효용을 높이고 발전시키

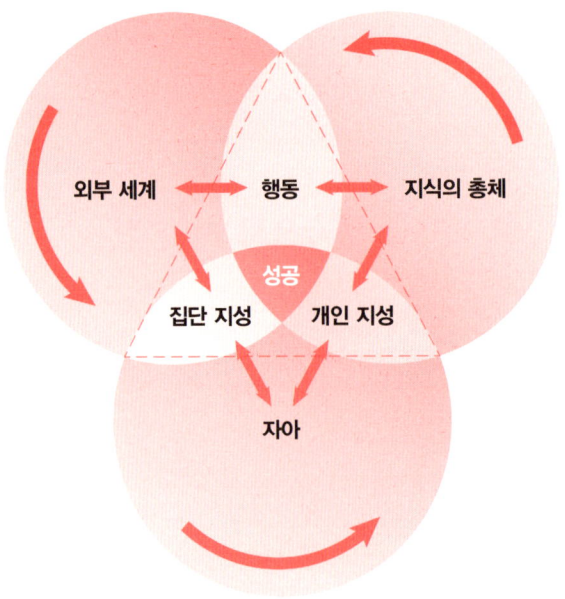

는 방법에 관해 생각하기 시작했다.

　나는 단순히 지식을 어떻게 사용할지 묻는 것을 멈추고, 지식이 무엇이며 어떻게 하면 더 잘 관리할 수 있는지 묻기 시작했다. 내 지식에 의문을 제기하고, 당연하게 여겼던 것들을 다시 생각하며, 새로운 가능성을 찾기 시작했다.

　그 결과 나는 지금 내가 지식 성찰이라고 부르는 틀을 개발하게 되었다. 하지만 이 주제에 대해 깊이 파고들수록, 내가 그저 새로운 이론을 세우고 있는 것이 아님을 깨닫게 되었다. 나는 지식에 대한 나 자신의 관점과 내 삶을 형성하는 데 있어 지식의 역할에 대해 무엇인가 심오한 것을 변화시키고 있었던 것이다. 새로운 배움과 이해를 내 삶에 적용하면 할수록 나는 명확함과 확신을 가지고 행동할 수 있었고(창조하고, 이해도를 넓히고, 성공하기 위해), 다른 사람들도 이에 함께 동참시킬 수 있다는 사실을 알게 되었다.

나는 한동안 하지 않던 방식으로 질문하고 재평가하고 탐구하고 있었다. 지식 성찰을 탐구하는 과정에서 나도 모르게, 이제는 내가 개인적 지식 성숙이라 부르는 것을 향한 개인적인 여정을 시작하게 되었다.

마지막 3부로 넘어가면서 앞서 논의했던 '세 개의 원', 즉 우리 지식의 총체, 자아, 외부 세계를 먼저 되돌아보았으면 한다.

우리는 이 세 영역이 각각 우리가 속한 지식 체계를 형성하는 데 중요한 역할을 하고 있음을 살펴보았다. 그리고 이 영역들 사이의 교차점들이 곧 기회의 창, 즉 개인적 지혜와 집단 지성을 달성하고 우리의 행동을 통해 외부 세계에 긍정적인 영향을 미치기 위해 지식 성숙도를 높이는 노력을 할 수 있는 창이라는 점도 살펴보았다.

이제 이 세 개의 창은 고립된 것이 아니라 긴밀하게 연결되어 있다는 점을 기억해 주길 바란다! 사실 이 세 가지는 내가 말하는 지식 성장의 황금 삼각형을 이룬다. 셋이 다 함께 조화를 이룰 때 자신과 다른 사람들, 조직 전체를 위한 장기적으로 지속 가능한 변화와 성장의 원동력이 되기 때문이다. 개인적 지혜는 집단 지성을

> **개인적 지혜는 집단 지성을 불러일으키고, 집단 지성은 현명한 행동을 유도하고, 현명한 행동은 다시 개인적 지혜를 향한 여정을 가속화한다. 이는 자기 계발, 참여, 향상의 끊임없는 순환이다.**

불러일으키고, 집단 지성은 현명한 행동을 유도하고, 현명한 행동은 다시 개인적 지혜를 향한 여정을 가속화하는 식으로 돌고 돈다. 지식 성숙을 향한 여정을 이어가며 다른 사람들을 동참시키는 자기 계발, 참여, 향상의 끊임없는 순환인 것이다.

3C 순환고리 활용하기

그렇다면 우리가 지금까지 이야기한 아이디어들(일부는 이론적이거나 심지어 난해한)과 뷰카 세계의 삶과 리더십이라는 실제 현실 사이를 어떻게 연결시킬 수 있을까? 이어지는 장에서는 지식 성숙도를 높이는 것을 지식 흐름의 강화 측면에서 생각해 보도록 하겠다. 이 지식 흐름은 우리의 세 가지 핵심 초역량**supercompetencies**을 구축 및 강화함으로써 사업과 삶을 혁신하는 데 도움을 주는 엔진이다.

초역량이란 무엇일까? 리더로서 우리는 다양한 역량을 지니고 있다. 투자자에게 자신의 비전을 전달하는 능력, 팀에 영감을 주는 능력, 회사의 재정을 관리하는 능력 등. 리더로서 우리의 능력은 이러한 역량들의 총합이라 할 수 있다. 즉, 비전을 세우고 명확히 전달하고, 우리가 처한 상황을 평가하고 그에 적응하고, 현명한 선택을 내리고, 다른 사람들에게 영향을 미치며, 조직을 최상의 상태로 만드는 능력 등이 여기에 포함된다.

하지만 내가 이야기하고자 하는 것은 이러한 일상적인 역량들을 향상시키고 개선할 수 있게 해주는 메타 역량이다. 그래서 이를 초역량이라고 부르는 것이다. 이것은 다른 모든 일을 보다 지능적이고 효과적으로 할 수 있도록 하는 초능력과 같다. 이러한 메타 역량을 강화하면 다른 역량(정보 활용 능력, 의사소통, 창의성 등)도 강화되고 여러 다양한 능력을 더 효과적으로 운용할 수 있게 되어 일석이조의 효과를 얻을 수 있다.

이 초역량을 개별적이 아니라 종합적으로 배치하는 법을 배움으로써 지식 성찰에 대해 배운 모든 것을 화합적이고 실행 가능한 전략으로 전환하여 자신과 팀, 조직을 더 높은 수준의 총체적 성공으로 이끌 수 있게 된다. 그래서 나는 이것을 원동력이라고 부른다. 개인으로서 우리 자신과 우리가 이끄는 조직을 변화시키고 발전시킬 수 있는 힘이 생성되는 곳이기 때문이다.

그렇다면 이 놀라운 초능력은 과연 무엇일까? 이제부터 살펴보겠지만, 나는 이들을 합쳐서 '3C 순환고리'라고 부르는데, 세 가지가 서로 연결되어 서로 피드백을 주고받으며 자아와 외부 세계 사이의 지식 흐름을 촉진함으로써 변화를 이끌기 때문이다. 다음을 살펴보자.

1. 창조하기(Create, 그러면서도 계속 쇄신하기)

리더라면 지식을 창의적이고 혁신적인 힘으로 활용해야 하며, 그 창의성을 재차 발휘하여 우리를 발전시키는 학습의 생성 과정 및 방식을 참신하고 새롭게 해야 한다.

피카소가 청색 시대**Blue Period**에만 머물러 있었다면 결국 그냥 그런 예술가로 기억되었을 것이다. 자신이 배운 모든 것을 활용해 새로운 행동과 창작 방식을 찾고, 그러한 통찰을 토대로 완전히 새로운 방식으로 학습하는 노력(새롭게 배우고 지식을 쇄신하는 노력)이 그를 성공하게 만들었다.

피카소처럼 우리도 지식 체계를 끊임없이 재생하고 쇄신함으로써 계속 도전하고 자신을 재창조해야 하며, 우리가 이끄는 팀원들도 똑같이 할 수 있도록 하여 새로운 성공 방법과 성공에 대한 새로운 사고 방식을 찾게 해주어야 한다.

2. 연결하기(Connect, 그러면서도 계속 단절하기)

리더인 우리가 지식과 지식의 성숙을 혼자서만 품고 있다면 그다지 도움이 되지 않는다. 우리는 외부로 눈을 돌리고 관계를 맺으며 주변 사람들과 연결되기 위해 노력해야 한다.

이는 개방적이고 포용적이며 존중과 신뢰를 받을 수 있게 존재하고 행동하며, '나'보다는 '우리'라는 정체성에 기반한 더 깊고 통합적인 자아 감각으로 연결되는 것을 의미한다. 또한 다른 사람들이 단순한 정보 이상의 것을 드러내고 공유할 뿐만 아니라 보다 진정한 자아를 끄집어낼 수 있도록 육성하는 환경을 조성하는 것이기도 하다. 그리고 무엇보다도, 우리의 지식 성숙이 생태계 전체에 반향을 일으킬 수 있는 방법을 찾는 것이다. 우리는 주변 사람들의 지식 성숙도를 높이고, 직원과 투자자부터 우리가 속한 더 넓은 환경에 이르기까지 모두에게 이익이 되는 결과를 이끌어 내는 방법을 배워야 한다.

하지만 역설적이게도 지식 성숙으로 가는 길은 동시에 단절을 요구하기도 한다. 우리는 세상과 단절함으로써 우리 자신의 총체와 가장 잘 연결될 수 있고 주변 세계의 소음과 기세에 사로잡히지 않을 수 있다. 따라서 지식 성숙을 위해서는 '이것 아니면 저것' 식의 접근 방식이 아닌 '둘 다/그리고' 식의 접근 방식이 필요하다. 지속 가능한 성공을 제대로 이끌어 내려면 끊임없이 세상을 향해 나아가는 것은 물론 내면으로도 눈을 돌려 자신의 지식 및 자아의 총체도 살펴야 한다.

3. 활용하기(Capitalize, 그러면서도 계속 행동하기)

지식 성찰을 실천하는 리더는 지식이 단순히 축적하고 다듬는 것이 아니라 계속해서 쌓아 올리고 공유하고 사용하는 것임을 이해한다. 지식은 고인 물로 가득 찬 연못이 아니라, 빠르게 흐르는 강이다. 지식 성숙에 대한 진정한 시험은 자신의 이익뿐만 아니라 주변 모든 사람의 이익을 위해 그 강을 계속 흐르게 하고 개방하고 신선하게 유지하는 능력과 의지이다. 그러나 중요한 것은 주어진 순간에 자신의 지식을 성공적으로 이용하여 목표를 이루는 것이 꼭 지식 성숙의 신호는 아니라는 점을 기억하는 것이다. 지식 성숙은 비교적 단기적이고 구체적인 목표를 이루는 데 분명 도움이 되지만, 장기적 목표와 무형의 성과의 중요성을 인식하는 것과도 관련이 있다.

우리는 자신에게 도움이 되는 것부터 다른 사람을 돕는 것까지, 또 유형의 성과(돈이나 혁신 등)와 무형의 성과(성취감이나 개인적 성장과 같은)를 모두 아우르는 총체적인 목표를 중심으로 행동해 나가야 한다. 핵심은 지식에 대한 통찰을 바탕으로 보다 지능적·효과적인 행동을 하여 자신과 주변 사람들에게 더 나은 결과를 만들어내는 것이다.

따라서 지식 성숙을 위해서는 지식을 이용해 성공을 이루되, 자신의 성공을 최종목표로 여겨서는 안 된다. 일이 잘 되어가더라도, 우리는 지식을 토대로 계속 실험하고 테스트하고 행동하며 앞으로 나아갈 수 있는 새로운 기회와 잠재적 연결고리들을 찾아야 한다.

다시 말해, 지식 성숙은 지식 성찰의 원리를 자신의 삶에 통합하여 지식의 총체를 확장하고 초월할 수 있는 능력을 반영한다. 이는 당신이 지식 성찰을 삶과 업무에 통합하기 위해 3C 순환고리의 프로세스 및 전술을 사용하는 정도를 나타내는 것이라고 생각할 수 있다.

기본 지침들

각 초역량에 대해서는 이어지는 장에서 한층 더 자세히 설명할 것이며, 이러한 주요 영역들에서 자신의 역량을 발전시키기 위해 취할 수 있는 전술들도 여럿 나열해 보겠다.

하지만 그 여정을 시작하기에 앞서, 몇 가지 간단한 주요 규칙 혹은 지침을 염두에 두길 바란다. 복잡하거나 어렵지는 않지만 앞으로 진행할 다른 모든 것의 기본 틀이 되는 것이다. 이 지침들을 염두에 둔다면 다른 모든 것이 제자리를 찾게 될 것이다.

1. 자신의 지식에 계속 의문을 제기하자. 지식 성숙은 '무엇을 알고 있는가?, 왜 알고 싶은가? 지식 격차를 줄이기 위해 3C 순환고리를

어떻게 이용할 수 있는가?'라는 세 가지 간단한 질문으로 시작된다. 지식 성찰을 삶에 어떻게 적용해야 할지 잘 모르겠다면 어떤 상황이나 상대하는 사람, 특히 당신 자신과 자신의 지식에 대해 그 질문을 해보자.

2. 객관성을 유지하기 위해 계속 노력하자. 이러한 질문을 할 때는 가능한 한 현실적이고 객관적인 태도를 갖는 것이 중요하다. 우리 모두는 당연히 주관적인 관점으로 세상을 바라보게 되며, 개인적이거나 캐묻는 질문에 대해 과장되거나 절제된 답을 하는 경향이 있다. 판단하는 사람은 아무도 없지만 성과를 내기 위해서는 아무리 불편한 영역을 파고드는 질문이라도 솔직하게 답하도록 노력해야 한다.

3. 더 깊이 이해하기 위해 계속 노력하자. 이러한 질문과 대답을 할 때는 그 뒤에 숨겨진 목적을 기억하자. 단기적인 문제를 해결하려고 하나, 아니면 더 큰 구조적인 문제를 풀려고 하나? 해결해야 할 다른 문제를 두고 엉뚱한 실마리를 잡고 있는 것은 아닌가? 이러한 질문들을 많이 할수록 작은 문제와 큰 이슈, 혹은 자신과 타인을 잇는 연결고리를 더 많이 발견하게 될 것이다.

4. 계속 총체적으로 사고하자. 3C 순환고리를 활용할 때 이렇게 연결된 사고가 중요한 이유는 이러한 초역량은 그 자체로 더 큰 지식 성숙 체계의 일부이기 때문이다. 모든 것이 함께 움직일 때 마법이 일어난다! 그러므로 이 과정의 일부만 따로 떼어서 생각하지 말고 지식의 창조, 연결, 활용뿐만 아니라 쇄신, 단절, 지속적인 행동이 어

떻게 함께 작용하여 지식 성숙의 개인적 여정을 이끄는 중요한 원동력이 되는지를 계속 살펴보자.

5. 계속 앞으로 나아가자. 무엇보다도 지식 성숙은 끊임없이 앞으로 나아가는 여정임을 명심하자. 정체는 적이므로 너무 익숙해진 것 같으면 변화를 시도해 보자! 불확실성과 갈망은 우리를 살아가게 하고 앞으로 나아가게 하는 원동력이므로 '모른다'는 느낌에 대한 흥분과 열정을 잃지 않도록 노력해야 한다. 목표는 지속적으로 이해를 발전 및 향상시키고, 3C 순환고리를 연결하고 확장하는 새로운 방법을 찾아 리더로서의 성과는 물론 인간으로서의 성취감과 활력을 높이는 것이다.

이러한 지침은 지식 성숙으로 가는(또는 향한) 여정이 일종의 창조적 긴장에 달려 있음을 상기시켜 준다. 이해하는 반면에, 탐구와 질문을 멈추지 말아야 한다. 자기가 가진 지식의 세세한 부분을 줌인하여 활용하는 반면에, 줌아웃하여 자신이 속한 더 큰 그림과 체계를 볼 필요도 있다. 무지에 맞서 싸우고 끊임없이 새로운 지식을 받아들이고 유지하는 반면에, 항상 열린 마음으로 자신이 알고 있다고 생각하는 모든 것을 뒤집어엎거나 그에 도전할 줄도 알아야 한다.

이러한 긴장감은 현실주의와 비전적 상상 사이의 밀고 당기는 관계에서도 나타난다. 현실과 다르기를 바라는 것은 아무 소용이 없으며, 지금 가진 것을 가지고 노력해야 한다! 그러나 이 현실주의를 더 높은 목적과 접목시킬 필요는 있다. 지식 성찰을 실천하는 리더는 대세에 맞서 싸우려고 하지는 않지만 큰 꿈을 꾸고, 비전적 목표를 설정하고, 목표와 행동을 적극적으로 수정하고 발전시켜 의미 있고 효과적인 성과를 이끌어낼 줄 안다.

이 상반된 힘을 통합하고 그에 따른 긴장 속에서 살아가며 이를 활용하는 것이야말로 지식의 총체적 이해를 높이고 그 혜택을 거두는 것의 진정한 의미이자 희망이다. 이는 마치 원자가 전자기력에 의해 끊임없이 밀려나면서도 핵의 강한 힘에 의해 서로 결합되는 것, 혹은 우주가 중력에 의해 뭉쳐있지만 암흑 에너지의 힘에 의해 분리되는 것과 비슷하다. 지식 성찰을 통해 상반되는 힘들이 포함된 전체를 볼 수 있으며, 분열되는 대신에 그 긴장을 이용해 앞으로 나아갈 수 있다.

즉, 우리는 총체적 이해와 인식을 활용해 자신의 지식 체계 전반에 걸친 다양한 힘(밀고 당기는 힘, 음과 양 등)의 균형을 유지함으로써 삶이라는 여정에서 지식 성숙도를 계속 높이고 발전시켜 나가는 것이다.

> **앎과 행동 사이의 긴장을 조절하고 지식 성찰을 이용함으로써 흥분과 열정을 창출해야 한다.**

이 모든 것에서 핵심은 의도성으로, 우리는 개인적인 지식 성숙도를 지속적으로 높이는 데 전념해야 한다. 앎과 행동 사이의 긴장을 조절하고 지식 성찰을 이용함으로써 주변 세계를 탐색하고 관계를 맺는 과정에서 흥분과 열정을 창출해야 한다.

'천 리 길도 한 걸음부터'라는 말이 있다. 자, 이제 첫발을 내딛고, 우리의 초역량을 연마하고 지식 성숙도를 높이기 위한 구체적인 실천 방법을 살펴보도록 하자.

창조하기
(그러면서도 계속 쇄신하기)

우리는 어릴 때부터 학습을 마치 기관사가 증기기관차의 용광로에 삽으로 석탄을 퍼넣듯이 외부 세계의 지식을 기계적으로 습득하는 단순한 과정으로 여기게끔 훈련받았다.

그러나 이는 학습과 지식 자체에 대한 매우 일차원적이고 지시적인 사고방식이다. 지금쯤은 당신도 지식과 학습이 단지 외부로부터 얻은 무엇인가를 소비하는 과정보다는 훨씬 풍부하고 복잡한 것임을 알게 되었기를 바란다.

물론 우리가 외부 세계로부터 받아들이는 것은 매우 중요하다. 하지만 우리 내부에서 비롯되는 지식, 그리고 외부 세계 및 자신의 내적 지식 프로세스와의 상호작용을 형성하는 과정에 대해 얻은 지식도 생각할 필요가 있다.

다시 말해, 학습은 정적이거나 일차원적인 것이 아니다. 그것은 서로 연결되어 있으며 끊임없이 움직인다. 단순한 선이 아니라 탐험, 자기 발견, 창조적 재통합의 순환인 것이다. 이러한 맥락에서 나는 항상 제임스 조이스 James Joyce 의 《율리시스》에서 주인공 레오폴드 블룸이 혼잣말로 "도망치지만 결국 자신과 부딪치는 것을 상상해 보라. 돌아가는 가장 먼 길이 집으로 가는 가장 짧은 일이다"(Think you're escaping and run into yourself. Longest way round is the shortest way home)라고 말했던 것을 떠올린다. 이렇게 끊임없이 다시 돌아오는 듯한 감각, 즉 바깥을 여행하다 새로운 지평에 비친 자신을 마주하는 듯한 감각은 지식 성찰의 핵심이기도 하다.

나는 앞서 지식 성찰은 하나의 여정이라고 여러 번 말했고 실제로 그렇다. 하지만 여행을 하면 할수록 이 여정이 A에서 B로 가는 것이 아님을 깨닫게 될 것이다. A에서 B로, 그리고 B에서 A로, 그리고 다시 A에서 B로! 이것은 선형적인 여정이 아니라 자신에 대한 지식, 주변 세계에 대한 지식, 자신의 결정, 행동, 그에 따른 영향 사이의 순환적인 과정이며 지속적인 상호작용인 것이다.

창의성과 지식 생성

그러나 중요한 것은 이 여정의 돌고 도는 순환적인 성격이 완전히 반복적이지는 않다는, 즉 정체로 이어지지 않는다는 것이다. 이 순환고리를 닫고, 계속 반복하며 연결을 만드는 것이 변혁이 일어나는 방식이며, 우리의 지식 성숙도를 높이고 세상을 보고 듣고 생각하고 행동하는 새로운 방식을 발견하는 최고의 방법이다.

태양계를 생각해 보자. 어떤 기준에서 보면 행성들이 태양 주위를 돌고 있는 것처럼 보인다. 하지만 더 자세히 들여다보면 실제로는 태양계 전체가 초당 220킬로미터의 속도로 우주를 빠르게 돌고 있기 때문에 이러한 원형 또는 타원형 궤도들은 사실 나선형으로 움직이는 경로이다. 즉, 태양을 중심으로 고정되어 있지만 항상 끊임없이 전진하고 있는 것이다. 우리의 지식 체계도 마찬가지이다. 선형적 사고를 넘어 시스템적 사고로 나아갈 때 우리는 순환고리를 계속 닫게 되고, 그 자체가 우리를 앞으로 나아가게 하는 원동력이 될 것이다.

물론 이러한 진전의 움직임을 주도하는 것 중 하나는 성찰을 통해 새로운 지식을 창조하고 생성하며 이를 꾸준히 쇄신하는 능력, 즉 창의력을 발휘하고, 새로운 방식으로 새로운 목적을 위해 학습하고, 더는 도움이 되지 않는 것들은 잊어버리며, 조직 전반에 걸쳐 효과적인 혁신을 추진하는 능력이다.

또한 결정적으로 지식 성찰은 개인과 팀이 기회를 놓치고, 틀에 박히고, 새로운 앎의 방식을 열어 줄 내외적 지식을 창의적으로 습득하지 못하게 막는 여러 가지 학습 장벽(개인, 팀, 조직 전체의 차원에서 다양하게 작용하는)을 식별하는 데 도움이 된다.

이러한 지식 생성 및 통합 과정을 신중하게 가속화하고 육성하는 데 사용할 수 있는 전술들을 살펴보면서 기억할 점은, 지식 창출은 퍼즐의 한 조각에 불과하다는 것이다. 중요한 조각인 것은 맞지만, 그것이 연결된 전체의 일부로 활용될 때 비로소 마법이 일어난다.

학습과 리더십

뷰카 세계에서는 아무리 노력해도 외부 세계에서 오는 지식에만 의존하거나 자신의 내면에서 비롯된 지식에만 의존할 수 없다. 성과를 내기 위해서는 지식의 총체가 필요하다. 즉, 이 두 가지 지식이 서로 어떻게 연관되는지, 어떻게 당신의 결정과 타인과의 상호작용, 세상에 미치는 영향력을 형성하는지를 이해하며 둘을 조화롭게 이용해야 한다.

지식이 일차원적이지 않은 것처럼, 지식은 내 안에만 존재하는 것이 아니라는 점도 이해해야 한다. 그것은 당신의 의사소통, 태도, 행동을 통해 그리고 다른 사람들이 영향력 있고 풍요로운 방식으로 지식을 배우고 활용할 수 있도록 돕는 방식을 통해 드러나고 구체화되는 것이다.

다시 말해, 학습과 리더십은 서로 밀접한 관련이 있다. 팀을 잘 이끌고 연결시켜야 조직의 지평이 계속 확장되고 당신의 지식도 발전하게 된다. 세상으로부터, 내면으로부터의 새로운 학습 방식을 통합함으로써, 당신도 새로운 리더십 방식과 다른 사람들이 지식 자원을 생성 및 쇄신하도록 돕는 새로운 전략을 발견할 것이다.

이제 개인 생활 및 직장 생활에서 이 과정을 가속화하는 데 사용할 수 있는 몇 가지 구체적인 전략과 전술을 살펴보도록 하겠다. 다만 이는 단지 조언일 뿐이다. 당신에게 필요한 전략은 시간이 지남에 따라 달라지며, 특정 상황에 따라 어떤 전략이 다른 전략에 비해 더 필요해질 수도 있다.

세상으로부터, 내면으로부터의 새로운 학습 방식을 통합함으로써 당신도 새로운 리더십 방식과 다른 사람들이 지식 자원을 생성 및 쇄신하도록 돕는 새로운 전략을 발견할 것이다.

1. 다양한 신문을 읽자

1919년 미국의 작가이자 추문 폭로자였던 업튼 싱클레어Upton Sinclair는 '나는 하나의 진실이라도 얻기를 바라는 마음으로 여러 신문을 읽는다'고 선언했다. 하나의 신문(또는 그 밖의 정보 출처)만 읽어서는 전체 스토리를 다 알 수 없으므로, 나는 언제나 많이 읽고 최대한 많은 출처로부터 정보를 얻는 것을 추천한다.

지식 성찰을 실천하는 리더로서 외부 세계로부터 믿을 수 있고 확실하면서도 다양한 양질의 정보를 확보하는 것은 우리의 주된 임무이다. 즉, 신문뿐만 아니라 미디어와 웹사이트, 연구자와 라이벌, 컨설턴트와 고객, 친구와 가족 등 다양한 출처를 이용하고 자신의 지평을 넓히도록 적극적으로 노력해야 한다.

다양한 신문 읽기는 시작에 불과하다. 예를 들어 연구에 따르면 사람들은 소셜미디어상에서 자연스럽게 마음이 맞는 사람들끼리 무리를 이루며 이는 곧 새로운 관점이 묻혀버리는 반향실echo chamber|닫

헌 방에서 소리가 밖으로 나가지 않고 메아리치듯, 비슷한 생각을 가진 사람들끼리 기존의 신념만 가지고 소통함으로써 되풀이되며 강화되는 것-옮긴이 효과로 이어지게 된다. 리더로서 우리는 개인적, 조직적 차원 모두에서 이러한 경향에 맞서 싸워야 하며, 계속해서 새로운 통찰력을 찾고, 우리의 세계관을 다른 인식 및 사고방식과 비교해 검증해야 한다.

참신하고 새롭고 상반된 관점을 적극적으로 추구하고, 귀와 정신과 마음을 열기 위해 적극적으로 노력하여, 지식을 발전시키는 데 필요한 신선한 아이디어가 끊임없이 흐르도록 해야 한다. 새로운 관점에 더 마음을 열고 추구하며 그 가치를 인정할수록 당신의 통찰력이 풍부해지고 조직 전체에 지식이 더 원활하게 유입될 것이다.

2. 내면에 영양을 공급하자

현대 세계에서 우리는 몸에 대한 모든 것을 추적한다. 내 휴대폰에는 칼로리뿐만 아니라 미량 영양소의 균형까지, 내가 먹는 것을 기록하는 앱이 있어서 케일을 더 먹고 칼슘 수치를 올리라거나 치킨을 주문하여 단백질 섭취를 늘리라는 등의 조언을 해준다. 또 걸음 수, 심박수, 혈중 산소 농도, 심지어 수면 패턴까지 모니터링하는 건강 지표 추적기도 있다.

마찬가지로 우리는 지식 상태의 측정에도 주의를 기울여야 한다. 이는 부분적으로는 자신의 운영 방식을 추적하는 것을 의미한다. 직면한 도전에 최상의 에너지를 공급하고 있나? 시간을 효과적으로 사용하고 있나? 하지만 또한 자신이 주목하고 받아들이는 지식 및 정보에 대해 고려하는 것을 의미하기도 한다. 유입되는 정보는 영양적인 균형이 잡혀 있나? 신중하게 정보를 마음에 담고 자신에게 도움이 되는 것을 받아들이고 있나, 아니면 잘못된 정보, 가짜 뉴스 및 기타 유해한 것을 받아들임으로써 자신의 성과와 존재 전체를 방해하고 있나?

의심스러운 해산물을 먹으면 금세 속이 이상해지는 것을 느끼게 되므로 이것은 특히 중요하다. 하지만 잘못된 정보를 받아들이기 시작하면 그 징후는 훨씬 미묘해진다. 몸에 직접적인 반응이 나타나지도 않을 것이며, 잘못된 지식이 내게 도전하거나 불편감을 주지 않기 때문에 적어도 단기적으로는 더 행복하다고 느낄 수도 있다. 그러나 시간이 지나면 지식 체계가 덜 효과적으로 작동하기 시작할 것이다. 세상을 보는 눈이 덜 명확해지고, 세상에 대한 주관적인 인상 앞에 오해(자신과 주변 세계에 대한)의 안개가 끼게 될 것이다. 이는 결국 내가 내리는 결정과 스스로 세운 목표, 그 과정에서 얼마나 행복해지는지(혹은 불행한지!)에서 나타난다.

잘못된 정보가 너무 많이 유입되면 지식 체계가 제대로 작동하지 않는다는 사실을 깨닫지 못할 정도로 상황이 나빠질 수도 있다. 그러므로 자신이 받아들여 지식 생성에 이용하는 정보를 추적하는 데 주의를 기울이도록 하자. 넓은 그물망을 던지되, 새로운 정보를 기존의 지식 체계에 통합하는 방식에 대해 비판적이고 사려 깊은 태도를 취하자.

3. 완전한 자아를 드러내자

다양한 정보의 출처에 마음을 열면서도 유입되는 정보를 신중하게 받아들이려면 자신의 모든 측면, 즉 편견, 부정적 감정을 포함한 감정들, 자아, 가치관을 드러내고 심문하려는 의지가 필요하다. 이는 불편한 일일 수 있는데 우리는 자신이 누구인지 무엇을 원하는지에 대해 단일한 시각을 가지고 자신을 완전히 이성적이고 투명한 존재로 바라보는 경향이 있기 때문이다. 진실은 더 복잡하며 우리가 이전에는 인식 못 했던 편견이나 감정의 영향을 받는다는 점을 인식하기란 어려운 과정일 수 있다!

물론 사실상 모든 사람은 어떤 형태로든 편견이나 다른 숨겨진 동기를 가지고 있으며, 이를 이용해 직면한 정보를 판단하고 걸러낸다. 요점은 편견을 완전히 없애는 것이 아니다. 그것은 어리석은 일이다. 우리에게는 언제나 편견이 있으며, 사실 뷰카 세계에서 빠르고 효율적으로 행동하려면 편견의 도움도 어느 정도 필요하다. 누군가 자꾸 거짓말을 하면 그가 제공하는 정보에 대해 편견을 갖게 되는데, 이는 나쁜 일이 아니다! 이것은 유입되는 정보를 분류하고 알맹이와 쭉정이를 구분하는 데 도움이 되는 경험 법칙, 즉 휴리스틱이다.

핵심은 이러한 편견을 의식적이고 신중하게 이용하는 것이다. 편견을 인식하고 필요할 때 보완할 줄 알면 유용한 것이 될 수 있지만, 점검하지 않거나 전혀 인식하지 못하고 있으면 우리의 세계관을 왜곡하고 우리가 발견할 수 있는 정보와 가능성을 제한할 수 있다.

바로 여기에서 내면에서 비롯되는 지식과 외부 세계에서 우리가 집중하는 지식 사이의 상호작용이 매우 중요해진다. 외부 세계에서 들여온 정보와 자신이 가진 깊은 가치에 대한 편견을 계속 드러내고 테스트해야 한다. 즉, 세상에 대한 지식을 발전시키려면 자신에 대한 지식을 발전시켜야 하고, 그 반대도 마찬가지이다!

4. 통찰을 체계화하자

자아 감각은 다루기가 까다로울 수 있다! 편견을 발견하고도 새로운 이해를 공식화하려는 노력을 기울이지 않는다면, 편견이 사라진 것이 아니라 다시 보이지 않는 곳으로 숨어 버리면서 새로운 이해가 손가락 사이로 빠져나가는 것을 종종 목격할 것이다.

잠깐의 이해를 강력한 창의력이 될 수 있는 지속적인 통찰로 변화시키는 방법은 기록과 체계화이다. 계속 질문해야 하는 것은 당연하며, 기억하고 다시 찾아볼 수 있는 방식으로 답을 정리하는 데에도 그만큼 많은 에너지를 쏟아야 한다.

그렇다면 어떻게 해야 할까? 고전적인 접근 방식은 일기를 쓰면서 자신과 주변 세계에 대한 지속적인 성찰의 기회로 삼는 것이다. 다른 접근 방식들로는 믿을 수 있는 조언자와의 멘투닝 관계, 치료, 배우자와의 대화, 예술 프로젝트 등이 있다. 답은 정해져 있지 않다. 핵심은 편견, 감정 및 기타 숨겨진 측면을 드러낼 수 있도록 명확한 프로세스를 마련하는 것이다.

자신의 어떤 측면을 인정하기가 불편할수록 이미 달성한 통찰이 다시 조용히 사라지거나 의식되지 못하기가 쉬워진다. 지식 성찰을 실천하는 리더라면 이러한 경향에 맞서 싸우고 자신에 대해 어렵게 얻은 통찰을 붙잡아두기 위한 자기만의 체계나 프로세스를 마련해야 한다.

5. 선의의 비판자가 되자

리더로서 우리의 과제는 다른 사람들도 그들의 삶에서 비슷한 수준의 통찰력을 얻도록 돕는 것이다. 그들에게 질문을 던지고, 그들이 성장하고 지식을 창출하며 자신의 지식 체계를 쇄신하도록 돕는 전략을 제공하는 것이 우리가 할 일이다. 이는 그들과의 상호작용을 통해서, 또는 우리가 마련한 프로세스나 조직에 구축한 문화를 통해 이루어진다.

이렇게 다른 사람들이 '배우는 방법을 배우도록' 도울 때 핵심 전략 중 하나는 선의의 비판자가 되는 것이다. 사람들이 가지고 있는 가정에 반하는 질문이나, 그들이 세운 목표와 이를 달성하기 위해 이용하는 전략을 정당성을 입증하게끔 하는 질문을 하자.

선의의 비판자 패러다임은 부분적으로는 사람들이 이를 인식하고 있기 때문에 유용하다. 당신은 그들을 공격하는 것이 아니라 새로운 사고방식을 테스트하고, 편견이나 감정을 드러내거나 새로운 통찰력을 발견하도록 하기 위해 노골적으로 질문을 던지는 것이다. 사람들은 브레인스토밍의 가치를 인정하는 것처럼, 아이디어를 검증 및 테스트하기 위해 어려운 질문을 하는 것의 가치도 인정한다.

이런 식으로 반박이나 판단 없는 질문을 하면 사람들이 자신의 진짜 생각, 느낌, 가치관을 당신에게 편안하게 말할 수 있는 환경이 조성된다. 이를 달성할수록 더 많은 지식이 당신의 조직에 더 원활히 흐르게 될 것이다.

6. 미래 기억을 구축하자

더 깊이 파고들어 자신(그리고 타인!)에게 도전하는 것은 꼭 당면한 상황이나 자극에 반응하는 방식으로만 이루어질 필요는 없다. 사실 한발 앞서 미래에 자신이 처할 수 있는 상황을 예측하는 것도 매우 중요하다.

바로 여기에서 '미래 기억'이라는 개념이 매우 중요해진다. 목표와 근본적인 목적을 설정했으면, 즉 선택한 목표를 뒷받침하는 핵심 가치가 드러났으면 목표를 향해 가는 과정에서 어떤 도전과 기회가 생겨날 수 있는지 파악할 수 있다. 이렇게 하면 할수록 그리고 당신의 지식 성숙도가 높을수록 이러한 목표는 당신과 주변 세계 모두에게 유형적, 무형적으로 더 큰 영향을 미칠 것이다.

이러한 예상 시나리오를 미래 기억이라고 부르는 데에는 두 가지 이유가 있다. 첫째로, 실제 기억처럼 생생해질 때까지 상상해야 하기 때문이다. 둘째로, 이러한 내면화 과정을 통해 우리가 상상했던 것과 비슷한 상황에 실제로 직면했을 때 빠르게(누군가가 말했듯이 직관처럼 빠르게) 떠올릴 수 있어야 하기 때문이다.

물론 직면할 수 있는 모든 시나리오에 대해 미래 기억을 만들어둘 수는 없다. 하지만 더 많은 가능성을 예상해 둘수록, 예기치 못한 상황에서 낯선 기분이 덜 들 것이다. 보다 강한 통제력을 느끼고 두려움과 불안은 덜해질 것이다. 당신(그리고 당신 팀)은 더 큰 툴킷을 활용하고 올바른 접근 방식을 더 빠르게 찾아 어떤 어려움이 닥쳐도 창의적으로 효과적인 방법을 찾을 수 있을 것이다. 르네 로벡René Rohrbeck과 얀 올리버 슈바르츠Jan Oliver Schwarz가 지적했듯이, 미래 기억을 남기는 것은 단순히 사람들이 특정 목표에 더 집중하도록 만드는 것이 아니다. 실제로는 미래 기억을 구축하는 과정에서 우리가 추구하던 목표가 바뀌는 경우도 있다! 미래 기억을 구축하면 목표로 이어질 수 있는 다양한 길을 예측할 수 있으며, 자신감과 명확성을 가지고 새로운 것에 적응하고, 새로운 정보를 지식 체계로 끌어들이고, 또 통합적이고 목표지향적인 방식으로 혁신할 수 있다. 르네와 얀은 '미래에 대한 기억이 더 많이 저장될수록 개인은 외부 세계의 신호를 더 잘 받아들일 수 있다'고 썼다. 이는 틀림없는 사실이지만, '개인(그리고 조직)은 이러한 신호를 더 잘 사용하여 지식 체계를 풍부하게 발전시킬 수 있다'는 말을 덧붙이고 싶다.

7. 성장을 위한 자리를 마련하자

팀원들과의 개인적 상호작용에서 질문하는 태도를 가지는 것 외에도 성장을 촉진하는 공식적인 구조와 자리를 마련하는 것이 중요하다. 예를 들어 팀이나 개인이 최근의 성과나 프로젝트를 자랑할 수 있는 발표 시간이나 사람들이 어려움을 겪고 있는 문제를 가져와 조직 내 다른 부서 사람들과의 토론을 통해 새로운 전략을 세울 수 있도록 하는 워크숍 세미나 등이 이에 해당한다.

이는 또한 특정한 경험이 될 수도 있다. 많은 조직이 동료애를 구축하고 팀에 활력을 불어넣으려는 목적으로 매년 사외 회의를 개최한다. 다 좋은데, 왜 일 년에 한 번만 할까? 현장 견학도 굉장히 매력적이니 다음 회의는 지역 미술관에서 진행하거나 자연 보호 구역을 산책해 보는 건 어떨까?

핵심은 이러한 활동을 의미 있고 즐겁게 만드는 것이다. 정보를 떠먹이는 지루한 세미나가 아니라,

> 틀을 깨고 새로운 환경으로 옮겨가는 것은 창의적인 분위기를 조성하고 사람들이 확고부동한 편견을 재고하도록 하는 좋은 방법이 될 수 있다.

새로운 학습 방식을 장려하고 변화와 창의력을 불러일으키는 역동적이고 눈이 확 뜨이는 이벤트로 말이다. 물론 모든 회의를 이런 식으로 운영할 수는 없지만 틀을 깨고 새로운 환경으로 옮겨가는 것은 창의적인 분위기를 조성하고 사람들이 확고부동한 편견을 재고하고 새로운 아이디어와 다양한 관점에 마음을 열도록 하는 좋은 방법이 될 수 있다. 직원들에게 단순히 답을 제시하는 것이 아니라 질문을 던지고, 참가자들이 현재 상황을 그저 곱씹는 것이 아니라 앞으로 그 상황이 어떻게 될지에 대해 창의적으로 생각하고 있다면 좋은 신호이다.

마지막으로 팀원들이 전혀 새로운 관점과 형태의 지식에 접근할 수 있도록 하는 방법을 고려해 볼 필요가 있다. 새로운 통찰력과 상호작용 방식에 보다 쉽게 접근할 수 있게 하거나 지식 자산을 풍부하게 할 수 있는 권위 있고 강력한 관점을 제공하는 온라인 강좌나 기타 온라인 플랫폼이 있나? 이러한 자원들은 아주 저렴한 경우가 많으므로 팀

에 참신한 아이디어와 성장 기회를 제공할 수 있는 방법을 찾아보는 것이 좋다.

8. 가르치기 전에 모범을 보이자

위대한 물리학자 리처드 파인만 **Richard Feynman**이 한 번은 강의실을 가득 채운 학부생들로부터 양자역학에 관한 특히 복잡한 문제를 설명해달라는 요청을 받았다. 그는 그 문제를 고민하려고 잠시 자리를 비웠다가 돌아와서는 (존경할 만한 겸손함을 보이며!) 그것이 자기 능력 밖의 일이라고 시인했다. "저는 할 수가 없었습니다. 도저히 신입생 수준에 맞추어 설명할 수가 없었어요"라고 그는 말했다. "그건 우리가 진정으로 이해하지 못한다는 뜻이지요."

파인만의 요점은 가르치고 배우는 과정이 함께 진행된다는 것이었다. 무엇인가를 가르칠 수 없다면, 그에 대해 생각만큼 잘 알지 못하는 것일 수도 있다! 마찬가지로 중요한 것은, 때로는 가르치는 과정 자체가 배우는 과정이라는 점이다. 다른 사람들을 위해 아이디어를 설명하거나 시범을 보이는 동안, 다루고 있는 자료나 원칙에 대한 이해가 명확해지고 해당 문제를 새로운 방식으로 생각하는 법을 스스로 발견하게 되기 때문이다.

이는 아주 중요한 포인트인데, 리더로서 우리는 직원들에게 질문하고 대화해야만 거기에 도달할 수 있기 때문이다. 또한 우리의 지식이 확고 불변한 것이 아님을 인정하려는 의지와 겸손함을 보여야 우리가 팀원들에게 심어주려는 성장과 창의력의 본보기가 될 수 있다.

이를 위한 한 가지 주된 방법은 소매를 걷어붙이고 직접 손을 담그는 것이다. 당신이 새로운 것을 시도하고, 새로운 선택지를 탐색하고, 가능성을 실험하고 활용하기 위해 적극적으로 노력하는 모습을 보이면 팀원들은 자신들도 똑같이 할 수 있다고 느낄 것이다. 또한 당신이 정보의 원천 및 미가공 데이터에 직접 접근하여 당신만의 의견을 만들어가는 모습을 보이면, 팀원들도 다른 사람의 관점으로 걸러진 정보를 그냥 받아들이는 대신 자기만의 해석과 아이디어를 형성할 수 있는 활력과 동기를 얻게 될 것이다.

이것은 실수를 하는 경우에 특히 중요하다. 물론 반복되는 실수는 용납되어서는 안 되며, 진창에 빠져 아무런 배움이 이루어지지 않는다는 신호일 수도 있다! 하지만 당신이 어떤 일에 뛰어들어 시도하다가 실패를 하고, 그 실패에 대해 자책하는 대신 그로부터 배우는 모습을 보인다면, 팀원들은 한 번의 실수는 기회이자 성장의 디딤돌이라는 것을 이해할 것이다. 그들은 실수를 기꺼이 인정하고 더 나은 접근 방식에 대해 열린 마음으로 논의하게 되고, 이는 조직 전체가 번창하고 새로운 발전의 길을 찾는 데 도움이 될 것이다.

9. 반성하고 쇄신하자

지식을 창출하고 쇄신하는 과정에는 모든 아이디어가 좋은 아이디어는 아니라는 점을 인식하는 것도 포함된다. 윌리엄 포크너 **William Faulkner**는 모든 작가는 '자신이 사랑하는 것을 죽이는' 방법을 배워야 한다고 말한 것으로 유명하다. 이는 필수적이고 정말 중요한 것만

남을 때까지 그들이 애착을 갖게 된 화려한 문구들을 제거하라는 말이다. 아무리 최고의 작가라도 연필 끝에 달린 지우개가 필요하기 마련이다.

지식 체계를 유지하고 향상시키려면 자신에게 더는 도움이 되지 않는 사고 패턴에서 벗어나 새롭고 더 나은 해결책을 만들려는 의지가 필요하다. 리더로서 우리의 의무는 다른 사람들에게 이 과정의 모범을 보이는 것뿐만 아니라 사람들이 반성적 쇄신을 위한 자신만의 방법을 발견하도록 적극적으로 돕는 것이다. 이러한 의미에서 리더십은 살아 있는 나무의 모양을 잡는 것과 같다. 가지가 올바른 방향으로 자라도록 돌봐주어야 하고, 때로는 나무 전체가 자랄 수 있는 만큼 울창하게 잘 자라도록 잔가지나 굵은 가지를 과감히 잘라내야 할 때도 있다.

리더로서 우리는 반성하고 쇄신할 수 있는 육체적, 정신적 자리를 마련해야 한다. 또 이러한 과정을 제한하는 장벽을 인식하기 위해 노력해야 한다. 우리의 자아는 종종 우리의 가장 큰 적이 되어 이미 모든 것을 다 알고 있다고 생각하게 되는데, 반성의 자리를 마련하면 그러한 환상을 깨고 쇄신과 성장으로 가는 길을 찾게 된다.

이러한 성숙함의 모범을 보이는 것은 다른 사람들도 반성과 쇄신의 길로 인도하는 좋은 방법이다. 팀원들에게 무작정 성장하라고 명령하거나, 무엇을 깨달아야 하는지 지시할 수는 없다. 반성의 과정을 빼앗겨버리면 그들은 자신만의 쇄신의 방도를 찾지 못할 것이기 때문이다. 팀원들에게 실패했다거나 아이디어에 문제가 있다고 말하는 대신 문제를 이해하는 특정 방식에 어떻게 도달했는지 반성해 보도록 격려하자. 통제하려고 드는 대신 길잡이가 되어 주면, 직원들은 자신만의 프로세스를 설명하고 반성하면서 상황을 재고하고 자신이 품고 있던 가정에 의문을 제기하기 시작할 것이다.

  핵심은 결과도 중요하지만 진짜 중요한 것은 그러한 결과를 시간이 지남에 따라 복제하고 개선하고 향상시킬 수 있는 과정을 구축하는 것임을 팀원들이 알도록 하는 것이다. 그러려면 당신의 이해를 발전시키고, 새로운 정보의 원천을 활용하며, 사고 및 행동 방식에 대해 끊임없이 의문을 제기하고 갱신해야 한다. 그리고 실수를 인정하고, 분석하여 그로부터 배움을 얻는다면 실수는 그 과정의 자연스러운 일부가 된다!

10. 내가 옳다는 생각을 버리자

  많은 상사들이 직원들과 논쟁을 벌여 그들이 새로운 것을 시도하고 직면한 문제에 대해 더 열심히 생각하도록 닦달하는 것을 혁신과 창의성 촉진의 지름길로 여긴다. 이는 종종 자존심 문제로 이어져, 상사는 자기가 회의실 안에서 가장 똑똑한 사람으로 보이길 원하며 다른 사람들을 끌어올리기보다는 자신을 높이기 위한 질문을 하게 된다.

  지식 성찰을 실천하는 리더는 그러한 논쟁이 막다른 길임을 알고 있다. 진정으로 필요한 것은 이분법적 사고를 뛰어넘어 주어진 과제에 대한 새로운 사고방식을 적극적으로 추구하는 참여적이고 발전적인 대화이다. 대화의 기술을 떠올려 보자. 좋은 대화란 사람들이 번갈아 참여하고, 귀뿐만 아니라 마음과 영혼으로 배려하며 듣고, 상대방이 한 말을 긍정적으로 발전시키는 대화이다. 이것이 대화에 임하는 태도이자 대화의 속성이다. 우리는 열린 마음을 가져야 하지만, 그와 동시에 다른 사람을 해칠 수도, 격려할 수도 있는 힘을 가진 말을 통해 우리가 그들을 존중하고 있음을 보여주어야 하는 것이다.

이는 중요한 토론에서도 마찬가지이다. 당신은 부정적이거나 파괴적이지 않고 건설적인 주제를 논의할 방안을 끊임없이 모색해야 하며, 상대방을 존중하고 경청하고 있음을 느낄 수 있도록 해야 한다. 아이러니하게도 때로는 이것이 더 많은 사람을 토론에 참여시켜야 한다는 뜻이기도 하다. 두 당사자 간의 대화는 반대나 대립의 구도로 이어지기 쉽지만 제3, 제4, 제5의 관점을 제공할 다른 사람들을 초대하면 새롭고 더 유익한 방안을 찾게 될 때가 많기 때문이다.

누구를 대화에 참여시킬지도 신중하게 고려해야 한다. 창의성은 다양한 분야들 간의 교차점에서 비롯되므로, 보통은 당신이 직면한 사업적 과제와 거리가 멀어 보이는 분야의 연사를 초대하는 것이 좋다. 가령 생물학자나 예술가, 네트워크 엔지니어는 당신 회사의 구조와 전략에 대해 어떤 이야기를 해줄 수 있을까? 또 이처럼 전혀 다른 렌즈를 통해 당면한 과제를 보게 된 팀원들은 무엇을 배우게 될까?

물론 핵심은 열린 마음을 유지하는 것이다. 논쟁에서 이겼다면 당신이 이해하고 있던 바를 한 단계 높인 것이 아니라 강화시킨 것이므로 오히려 패배한 것이다. 목표는 내가 옳다는 점을 증명하는 것이 아니라 어디서든 가장 좋은 발전 방안을 찾는 것이다! 새로운 관점을 추구하고, 당신이 틀렸다는 사실을 알게 되었을 때 진정으로 기뻐하는 모습을 보이면 조직원들 모두가 똑같이 행동하기 시작할 것이다. 최고의 리더는 자신과 팀원들에게 더 나은 결과를 얻기 위해서라면 겸손함을 보이고 방어 태세를 낮추며 실수를 인정할 줄 아는 사람이다.

계속 창조하기

이 모든 방법의 요점은, 그저 교실에 가만히 앉아있거나 교과서를 읽으며 수동적으로 정보를 흡수한다고 해서 지식이 창출되고 생성되지 않는다는 것이다. 지식 성찰은 학습이 수동적인 것이 아니라 언제나 능동적인 것임을 우리에게 알려준다. 이는 우리가 그 과정에 직접 기여한 바에 의해 주어진 상황에서 무엇을 얻을 수 있는지가 결정되며, 또 우리의 결정과 행동이 그 상황에 미친 영향에 의해 다른 사람들이 무엇을 배우는지가 결정되기 때문이다.

다시 말해, 지식은 우리의 행동, 영향력, 세상 속 우리의 존재를 통해 드러나는, 끊임없이 움직이는 살아있는 시스템이다. 그것은 우리의 행동, 다른 사람들과의 관계, 또 우리의 협동력과 리더십에 내재되어 있다.

지식을 창출하고 쇄신하려면 그 과정에 지식의 총체를 투입하여 외부에서 내부로 지식을 끌어들이고, 우리 내부로부터 지식을 끌어올려야 한다. 우리는 창의적이고 배려심 있는 리더십을 발휘해 다른 사람들도 그러한 과정을 밟도록 도움으로써, 그들이 신중하고 지속적으로 지식을 생성하고 쇄신하여 지식 성숙도를 높일 수 있도록 해야 한다.

연결하기
(그러면서도 계속 단절하기)

　얼마 전 아들과 이야기를 나누다가 아들 세대가 얼마나 서로 연결되어 있는지에 대해 다시 한 번 놀랐다. 아들의 휴대폰은 또 다른 업데이트나 메시지, 또 다른 공유 링크나 태그가 달린 사진들로 인해 몇 분마다 울려댔다. "항상 연결되어 있는 느낌이 들겠구나?" 내가 말했다. "음, 맞아요." 아들은 대답했다. "하지만 우리 세대는 항상 모두와 연결되어 있어서 오히려 단절된 느낌이 들기도 해요."

　이것이 바로 첨단 기술, 디지털화, 글로벌화로 빠르게 움직이는 세상의 역설이다. 수많은 정보와 메시지, 신호와 콘텐츠가 쏟아져 내리지만, 그 모든 소음 속에서 우리는 오히려 사람들과 진정한 소통을 하기가 더 힘들다고 느낀다. 우리는 서로와의 공통점이나 함께 공유하는 깊은 가치관을 인식하지 못한 채 서로 부딪치고, 서로를 밀어내거나 자리 다툼을 하게 된다.

그 이유 중 하나는 일종의 근시안적 사고이다. 우리는 장기적인 일보다는 단기적인 일에, 정말 중요한 것보다는 긴급해 보이는 것에 집중하기 때문이다. 이러한 의미에서 다른 사람들과의 단절감은 일상의 번잡함에서 벗어나 내면으로 연결되지 못하고, 온전한 자아(우리의 모든 지식, 가치관, 직관을 포함하는)를 활용해 주변 세계와 보다 신중한 재연결을 하지 못하기 때문에 나타나는 증상이다.

다시 연결하기 위해 연결을 끊는 과정이 없으면 다른 사람들(그리고 그들의 의사소통과 행동에 반영되는 지식)과 매우 거래적인 방식으로 관계를 맺게 된다. 지혜와 통찰이 아닌 말과 사실에 초점을 맞추고, 사람들에게 지금 당장 사용할 수 있는 지식을 공유해주기를 요청한다. 우리는 종종 들어오는 지식을 받아들이거나 그 내용과 맥락을 이해하기도 전에 이미 그 지식으로 무엇을 할지 결정하곤 한다. 다른 사람의 지식에 놀라거나 도전을 받기보다는 그것을 그저 착취할 자원으로만 여긴다.

이러한 거래적인 연결은 사실 매우 피상적이다. 사람과 사람 사이의 더 깊은 연결의 가능성은 도외시된다. 즉, 서로 연결되어 있다고 생각하는 순간에도 우리는 오히려 더 고립되어 가는 것이다. 내 아들이 느낀 감정도 바로 이것이다. 그 모든 트위터 메시지와 상태 업데이트, 소셜미디어 알림이 진짜 사람과 사람 사이의 연결을 대신할 수는 없다.

더 적합한 연결 방법

지식 성찰은 자신과 타인을 연결하는 다른 방법으로 가는 길을 제시한다. 그 길의 첫 단계는 연결이 단순히 다른 누군가의 지식을 뽑아내는 과정이 아님을 인식하는 것이다. 이는 우리가 가진 지식의 총체를 다른 사람들과 공유하고 교환하며, 우리가 만나는 사람들과 다양한 피드백 및 지원(지식, 정서적 지원, 사회적 유대 등의 형태로)을 주고받는 양방향 프로세스이다.

이를 인식하고 나면, 다른 사람과의 관계는 단기간에 얻을 수 있는 지식뿐만 아니라 시간이 지남에 따라 쌓아나갈 수 있는 관계에 달려 있다는 점이 분명해진다.

지식 성찰은 우리가 한 번의 상호작용으로 누군가로부터 뽑아낼 수 있는 지식의 양을 극대화 하려고 애쓰는 대신, 우리의 관계를 정의하는 양방향 지식 공유의 폭을 넓히는 데 집중하게끔 해준다.

이를 달성하려면 지능에만 초점을 맞춘 '머리와 머리'의 관계를 뛰어넘어, 일시적이고 분석적인 거래가 아닌 유의미한 장기적 연관성을 바탕으로 한 '머리와 가슴과 영혼' 관계를 구축해야 한다. 이러한 방식으로 연결되면 시간이 지남에 따라 우리의 지식을 극대화할 수 있을 뿐만 아니라 진정한 충성심을 고취하고 우리가 이끄는 사람들이 기꺼이 최선을 다하도록 도울 수 있다.

분명히 할 것은, 이러한 연결을 구축하려면 우리 지식의 총체를 활용하여 지식을 구성하는 다양한 요소들을 순환시키며 지식 성숙도를 높여야 한다는 것이다. 구성된 자아와 더 깊고 영적인 가치관을 모두 이해하면 이 두 가지를 다 활용하여 진실함과 정직함, 그리고 격동의 시기에 침착함과 존재감을 가지고 리더십을 발휘함으로써 조직 전체의 신뢰를 이끌어 낼 수 있다.

그렇다면 조직을 어떻게 이끌어야 연결이 가장 우선시 되는 환경을 조성하고 조직이 모두를 위해 유익하고 창의적이고 충실한 공간이 되도록 할 수 있을까? 몇 가지 주요 전략을 살펴보도록 하자.

1. 점들을 연결하자

다른 사람들과 연결되려면 이전 장에서 살펴본 역량들을 바탕으로 자신과 연결하고 그러한 학습을 체계화한 다음, 온전한 자아와의 연결 및 우리가 만나는 사람들 전체와의 연결에 마음의 문을 엶으로써 점들을 연결해야 한다.

이때 목표는 새롭게 드러나고 체계화된 통찰을 한데 모으고 그것들을 그 자체로 서로 연결된, 더 큰 체계의 일부로 보는 것이다. 우리가 성찰하는 것들에서 나타나는 패턴을 인식하고 서로의 관계 속에서 그 패턴을 식별하거나 배치하는 작업을 통해 우리가 직면한 피상적인 도전 과제 밑에 숨은 진짜 문제를 정확히 알아낼 수 있다.

분명히 말하지만, 당신이 직면한 어느 하나의 도전 과제를 더 깊이 파고들라는 것만은 아니다. 깊이 파고드는 것도 중요하지만, 한발 물러서서 그 과제를 더 큰 그림의 일부로 볼 줄도 알아야 한다. 더 깊은 의미와 이해를 얻어냄으로써 더 명확한 그림이 나타나기 시작하고,

정말 실행 가능하고 강력한 새로운 방식으로 과제를 생각하고 해결할 수 있게 된다.

그러므로 당신이 "왜?"라고 묻고 있다면 여정의 첫 걸음을 뗐을 뿐임을 기억하자. 누군가가 마음에 들지 않으면 "왜?"라고 물어보고 그 사람이 나에게 어떤 비판을 해서 내가 안 좋은 반응을 보이고 있다는 것을 알 수 있다. 하지만 한 걸음 물러나서 점들을 연결하기 시작하면, 그 사람의 비판이 내가 느끼는 더 깊은 불안감을 자극했고, 그 불안감은 내가 도전적인 직원에게 화를 내는 방식이나 마감 기한 안에 특정 작업을 끝마치기 어렵게 만드는 완벽주의의 원인이기도 하다는 것을 알 수 있을 것이다. 이러한 패턴을 발견함으로써 내가 직면한 실제 문제를 더 깊이 있게 다룰 수 있으며, 하나의 특정 과제를 해결할 뿐만 아니라 내가 맞닥뜨린 도전과 기회의 전체 네트워크를 체계적으로 개선할 수 있는 해결책을 찾을 수 있다. 핵심은, 모든 질문은 더 많은 질문으로 이어지며, 이러한 질문과 답변 사이의 연관성을 탐구함으로써 더 깊은 이해를 달성하고 우리 자신과 다른 사람들을 혁신적이고 체계적인 성공으로 이끄는 방법을 찾을 수 있다는 것이다.

2. 다른 사람의 말을 경청하여 나의 맹점을 찾자

다른 사람들과 더 나은 관계를 맺을수록 그들이 제공하는 통찰과 신선한 관점을 이용해 당신 자신과 주변 사람들을 더 잘 이해할 수 있음을 깨달을 것이다.

자기가 모르는 것을 알 수는 없으므로, 그러한 보이지 않는 틈새를

메우려면 다른 사람들의 도움이 필요하다! '맹점'이라는 말은 단지 보지 못하는 무엇인가를 의미하는 것만은 아니다. 이는 시신경과 망막이 만나는 부분, 즉 뇌가 자동으로 그 틈을 '메워' 세상을 환히 보여주는 부분을 말한다. 즉, 그 틈을 메울 조각도 없지만 애초에 그러한 틈이 있다는 인식조차 없는 것이다!

다른 사람들과 연결을 맺으면서 우리는 자신의 맹점을 알고 처리할 수 있는 중요한 기회를 얻게 되고, 애초에 있는지도 몰랐던 틈새를 발견하게 된다. 물론 우리도 다른 사람들에게 똑같은 통찰을 제공하고 있으며 자신과 우리 서로, 또 우리가 처한 상황에 대해 보다 완전하고 정확한 인식하기 위해 집단적 삼각관계 속에서 함께 성장하는 과정에 참여하고 있다.

리더로서 우리는 피드백와 새로운 관점에 마음을 열어야 하며, 개인이든 조직이든 맹점은 구조적으로 어디에나 존재한다는 사실을 자신과 타인 모두에게 인식시켜야 한다. 우리는 다른 사람들을 돕고자 우리 자신의 관점을 제공하는 동시에 그들의 관점을 활용해 우리 자신의 이해를 높이기 때문에, 서로 간의 연결이 매우 시급한 것이다.

결정적으로, 우리는 맹점이나 한계를 가지고 있다는 사실이 부끄러운 일이 아니라는 것을 모두가 이해하도록 해야 한다. 이것은 본래 인간 경험에 내재된 것이다! 모르는 것을 부끄러워 하지 말고, 모두가 새롭고 더 나은 방식으로 사물을 볼 수 있도록 돕는 양자간(아니면 다자간) 프로세스에 참여함으로써 새로운 배움을 얻을 수 있는 가능성을 즐겨야 한다.

3. 관심을 보이자

당신이 온전한 자아를 드러내고 다른 사람들의 관점이 지닌 힘을 인정할 때, 주변 사람들이 그들의 가치관과 감정을 그들이 직면한 문제나 시도하고 있는 일에 맞추려고 애쓰는 과정에서 마주치게 되는 개인적인 어려움과 도전을 인식할 수 있게 된다. 이러한 긴장 상태를 이해하면 사람들을 효과적이면서도 자비로운 방식으로 이끌어 나갈 수 있다.

미국 동부 사람들은 친절하지만 나이스**nice**하지는 않고, 서부 사람들은 나이스하지만 친절하지는 않다고들 한다. 물론 이는 지나치게 단순화된 표현이지만, 미국의 서로 다른 지역에서 지배적인 문화적 가치관에 대해 이야기하는 것이므로 그 중심에는 상당한 진심이 담겨 있는 농담 중 하나이다. 지식 성찰을 실천하는 리더로서 우리가 할 일은 이 두 가지 요소를 융합하기 위해 노력하는 것이다. 즉, 우리는 친절하고 나이스해야 한다.

나이스함은 보통 문제 해결 과정에서 가장 쉬운 부분이지만 잊혀질 때가 많다. 리더로서 엄청난 압박을 받다 보면 짜증이 나기 쉽기 때문이다. 나는 사람들에게 항상 의식적으로 미소로 아침을 시작하고, 팀원들과의 첫 대면이 즐겁고 긍정적으로 이루어지도록 하라고 조언한다. 오늘 아침은 어땠는지, 자녀들은 잘 지내

> 모르는 것을 부끄러워 하지 말고, 모두가 새롭고 더 나은 방식으로 사물을 볼 수 있도록 돕는 양자간(아니면 다자간) 프로세스에 참여함으로써 새로운 배움을 얻을 수 있는 가능성을 즐겨야 한다.

는지, 통근은 어땠는지 물으면 서로의 관계가 사업적 거래에서 발생하는 특정 문제나 갈등이 아닌 인간적 측면에 기반할 수 있게 된다.

하지만 또 유념할 것은 그러한 나이스함이 진정한 친절함에서 비롯되어야 한다는 것이다. 즉, 단순히 미소만 보이는 것이 아니라 사랑, 배려, 연민이라는 진정한 핵심 가치를 리더십을 통해 전해야 한다. 누군가에게 미소를 짓거나 소소한 인간적 소통을 할 때는, 당신이 상대방에게 관심을 갖고 있다는 사실을 그들뿐만 아니라 당신 자신도 깨닫는 순간이 되도록 하자.

이러한 기분 좋은 상호작용은 자신의 영적 차원과 연결되고 자신의 개인적인 윤리적 가치를 드러내려는 의식적, 의도적 시도가 되어야 한다. 단지 보여주기식이 아니며, 그렇게 되어서도 안 된다. 온전한 자아와 연결되어 자신의 가치관을 표면화 및 체계화하면 깊이 간직된 가치관이 계속해서 자연스럽고 진실되게 드러나, 사람들에게 진정성을 보일 수 있게 된다.

4. 장벽을 허물자

많은 편견은 내집단 in-groups 및 외집단 out-groups 과 관련된다. 이는 서로 경쟁하는 팀이나 나이 또는 배경이 다른 사람들로 구성된 집단 등, 어떤 집단이나 조직에서 '자연스럽게' 장벽이 생길 수 있다는 의미이다. 지식 성찰을 실천하는 리더는 이러한 관점이 문화적 학습의 산물임을, 즉 고정된 것이 아니라 우리의 구성된 자아의 유연한 일부라는 점을 이해한다. 또한 사람마다 차이가 있기는 하지만 그 차이는 장애물이 아닌 중요한 자산으로 재구성될 수 있다는 점도 이해한다.

예를 들어, 나이는 우리가 스스로를 그러한 집단으로 분류하는 데 이용하는 가장 음흉한 장벽 중 하나이다. 어릴 때는 종종 우리보다 나이가 많은 사람들을 고리타분하고 보수적이고 지루하다고 생각하며, 나이가 들면 어린 사람들을 세상 물정 모르고 미숙하고 경솔하다고 여기는 경향이 있다. 지식 성찰은 통찰력과 관점이 한 세대에서 다른 세대로(양방향으로!) 흐를 수 있는 도관을 구축함으로써 조직 전체가 모든 통찰력과 지식 자산을 원하는 대로 활용할 수 있도록 하는 것이 가능하다는 점을 깨닫게 해준다.

다시 말하지만, 이는 자기 인식을 구축하고 외부의 다른 사람과 점들을 연결하는 것에서 시작된다. 내면을 살핌으로써 우리가 젊은 동료의 아이디어를 무시하고 있다는 사실을 깨닫고, 그러한 행동이 개방성과 존중이라는 우리의 가치관과 맞지 않음을 인식한 다음, 차후에는 그들의 의견을 적극적으로 구하기 위한 계획을 세워 우리의 통찰력을 구체화할 수 있는 것이다. 조직 차원에서 이는 위계 없는 멘토링의 도입을 의미할 수도 있다. 수평적인 동료 간의 멘토링도 있지만, '은퇴하기에는 너무 젊은' 직원들도 더 젊거나 직급이 낮은 직원들의 통찰력으로부터 얻을 것이 있다는 점을 분명히 인정하고 서로의 지식과 통찰력을 교환하도록 장려하는 멘토링도 있다.

이와 비슷한 접근 방식을 적용해 문화적 장벽을 허물고 다양성이 조직에 가져다주는 가치를 포착할 수도 있다. 예를 들어, 내 남편이 다니는 직장의 로비 한쪽 벽에는 다양한 종교나 배경을 가진 사람들을

위해 주요 명절이나 행사 때 축하 메시지를 띄우는 대형 비디오 스크린이 있다. 어떤 주에는 모두에게 메리 크리스마스를 기원하는 메시지가, 또 어떤 주에는 디왈리Diwali | 힌두교의 가장 큰 명절-옮긴이나 이드 Eid | 하지(Haji)와 함께 이슬람교 2대 명절-옮긴이를 기리는 메시지가 뜬다. 이는 서로의 차이를 기념하는 동시에 존중, 개방성, 환영이라는 공통된 가치를 강조하는 작지만 눈에 잘 띄는 제스처이다.

잘 운영되는 조직은 눈에 띄게 존중을 표시하고 긍정적인 방식으로 차이를 확인하고 드러내는 의식을 만들어서 직원들이 서로 존중하며 대화하고 의견을 교환하도록 유도한다. 그러므로 차이를 완화하려고 하는 대신 차이를 즐기고, 인간의 핵심 가치를 드러낼 방법을 찾고, 사람들이 지식과 통찰력을 교환하도록 가르치고, 그들이 처한 상황과 관련된 그들만의 가치관과 문화적 관점을 제공할 수 있도록 하자.

5. 더 많은 이야기를 들려주자

다양성을 억압하지 않으면서 통합된 조직을 만드는 것은 어려운 일처럼 보일 수 있다. 핵심은 조직을 개별 자아의 확대 모형으로 생각하는 것이다. 앞서 살펴보았듯이 우리의 개별 자아는 그 자체로 다면적, 다차원적이며 이러한 사실을 인식하는 동시에 총체적으로 사고할 때 우리는 잠재력을 달성할 수 있다. 마찬가지로, 최고의 조직은 다양하고 다차원적이면서도 총체적 비전과 정체성 의식을 지향하는 조직이다.

그러한 정체성 의식을 구축하려면 우선 당신의 내면으로 눈을 돌려 다른 사람들과 맺으려는 관계에 온전한 자아(당신의 정체성, 가치관, 우선순위를 고려한 당신 자신에 대한 지식을 포함하는)를 쏟아부어야 한다. 하지만 이러한 자아 감각을 공통의 정체성 의식으로 변화시키려면 결속력과 공동 목표 의식을 고취하는 설득력 있는 이야기를 들려주는 능력도 필요하다.

애플 같은 회사를 생각해 보자. 차고에서 바쁘게 일했던 스티브 잡스와 스티브 워즈니악의 창업 신화와 스티브 잡스의 비전적 리더십 아래 영웅적으로 재탄생한 이야기. 아니면 휴렛팩커드를 위대하게 만든 평등주의 철학인 'HP Way'는 어떤가. 이는 이 회사의 과거, 리더십, 그리고 꾸준히 이어지고 있는 기업 정체성에 관한 이야기이다.

좋은 이야기란 단순히 공유된 비전만 반영하는 것이 아니라 리더가 팀과 조직 전체에서 강화하고자 하는 가치를 반영 및 구현한다. 모든 우화의 끝에는 교훈이 있고 많은 동화에도 교훈적인 내용이 담겨있지만, 그러한 교훈을 간접적으로 전달하기 때문에 훨씬 강력하고 효과적이어서 듣는 사람의 정서적 배경의 일부가 된다. 마찬가지로 리더는 이야기를 통해 사람들의 마음과 영혼을 감동시킬 수 있다. 중요한 내용을 들려주기만 하는 것이 아니라 사람들이 마음으로 느끼게 함으로써 그러한 가치를 소중히 여기고 그것을 발현하기 위해 노력하게끔 유도하는 것이다.

최고의 기업(그리고 최고의 리더)은 이러한 기본적인 이야기를 소중히 여기며, 이를 기업 문화를 관통하는 의식과 리텔링**retelling**에 심어 사람들에게 진정한 소속감을 준다. 이야기는 조직 전체 사람들이 차이를 극복하고 연결을 맺고 협력하여 공동의 목표를 달성하도록 하는 하나의 틀이 된다.

6. 공유의 기회를 제공하자

유대감은 의식에서 비롯될 수도 있지만, 우연한 상호작용을 통해 이를 유기적으로 생성시키는 공간도 필요하다. 예를 들어, 모든 사무실에는 사람들이 모여 담소를 나누는 정수기, 카페테리아나 그와 비슷한 공간이 있으며, 이러한 공간은 종종 지식 공유의 강력한 원동력이 된다.

이러한 공간은 보통 우연히 생기지만, 뜻밖의 수확을 얻고 자연스러운 대화와 연결이 일어나는 기회를 만들기 위해 의도적으로 조성할 수도 있다. 가령, 쿠웨이트의 가정들에는 '디와니야dewaniya'라는 공간이 있다. 이 단어는 일종의 거실을 뜻하지만, 이곳에서는 비공식적인 모임이 열리기도 한다. 사람들은 캐주얼한 디와니야 모임을 통해 함께 차를 마시며 중요한 문제들을 논의함으로써 세상을 바로 잡고자 하는데, 이는 공동체 의식에 기반한 참여적이고, 협력적이며, 솔직한 의견 교환의 자리이다.

기업들도 정수기 옆 담소를 넘어 그들만의 디와니야 공간을 마련할 수 있다. 매일 아침 경영진 중 한 명이 카페테리아나 로비에서 지나가는 사람들과 캐주얼하게 담소를 나누는 방법도 있다. 아니면 정기적으로 여러 팀이나 부서의 대표자들이 모여 아이디어를 공유하고, 공식적인 회의에는 어울리지 않을 만한 질문을 하고, 각자의 의견을 내는 타운홀 미팅을 개최할 수도 있다.

퇴근 후 칵테일 모임부터 주말 동안 진행되는 '해커톤' 코딩 수업까지, 이러한 의식은 기업마다 크게 다르지만 그 핵심은 언제나 조직이 무엇인지, 무엇을 상징하는지, 다음 단계에는 어떤 방향으로 나아갈 것인지에 대한 공유된 가치와 이해를 중심으로 직원들을 하나로 모으는 것이다. 중요한 것은 사람들이 자유롭게 대화할 수 있는 편안한 토론의 장을 조성할 뿐만 아니라, 조직 내에 자연스럽게 형성되는 집단이나 사일로**silo│조직의 부서 간에 상호작용을 하지 않고 자기 부서의 이익만 추구하는 팀 이기주의를 의미한다-옮긴이**를 넘어서서 사람들이 대화를 통해 상호작용할 수 있는 환경을 신중히 장려하고 형성해 나가는 것이다.

7. 업무에 보람을 더하자

사람들에게 서로 연결을 맺거나 존중하고 열린 마음으로 최선을 다하라고 명령만 할 수는 없다. 대신, 그들이 더 나은 성과를 내도록 스스로 노력하는 동시에 잘하는 일에 대해 꾸준히 인정, 보상과 존경을 받을 수 있는 건설적이고 도전적인 환경을 만들어야 한다.

지식 성찰을 실천하는 리더는 이 분야에서 뛰어난 능력을 발휘하는데, 그들은 이렇게 보람 있는 연결이 양측 모두에게 가져다주는 가치를 이해하기 때문이다. 다른 사람을 육성하는 것은 결국 자신을 육성하는 방법이며, 그 반대도 마찬가지이다! 이 단순한 통찰을 통해 그들은 더 높은 곳에 도달하기 위해 도전할 뿐만 아니라 다른 사람들이 성장하고 번영하는 것을 도우려고 한다. 각자가 지닌 잠재력이 전부 발휘될 때 모두의 연결이 진정한 마법을 일으켜 조직 전체가 번영할 수 있음을 알기 때문이다.

   이는 사람들이 항상 자신에 대해 명확하게 볼 수 있는 것은 아니기 때문에 중요하다. 우리는 우리가 자신에 대해 하는 이야기를 내면화하며, 때로는 다른 사람(바로 리더!)에 의해 다른 이야기도 가능하다는 점을 인식하게 된다. 축구 선수 리오넬 메시**Lionel Messi** 같은 사람을 생각해 보자. 그는 어려서부터 재능이 많았지만 자신감을 키우는 시간이 필요했다. 바로 이럴 때 좋은 리더가 필요한 것이다. 그 대단한 메시 역시도 그의 큰 잠재력을 알아보고 체계적인 훈련과 성장 과정에 투입해 준 신예 발굴 담당자가 있었기에 자신감을 키우고 타고난 재능을 완전히 꽃피울 수 있었다.

   리더의 투자 방법 중 한 가지 예는 팀의 잠재력을 키우는 것이다. 예를 들어, 스타벅스는 3개월 이상 근무한 모든 직원에게 학사 학위를 무료로 취득할 수 있도록 수업료 전액 지원 혜택을 제공한다. 휴렛팩커드도 이와 비슷한 프로그램을 오랫동안 진행해 옴으로써 팀의 잠재력을 높이는 데 좋은 리더십이 얼마나 중요한지를 보여주고 있다. 이러한 리더십 전략은 일선 직원들을 단순 노동자 이상으로 여기고 있음을 보여줄 수 있는 아주 좋은 방법이다. 즉, 단순히 커피 서빙이나 금전 등록기의 버튼을 누르는 일을 시키기 위해서가 아니라 그들의 정신, 지식, 온전한 자아를 보고 그들을 고용하고 있음을 보여주는 것이다.

   직이 직원을 위해 더 많은 일을 할수록 직원들도 그에 대한 보답으로 더 많은 일을 할 것이며, 서로 간의 일체감과 유대감도 더 커질 것이다. 다른 사람이 최선을 다하길 원하면 그들이 최선을 다하고 싶게 만들어야 한다. 그것은 그냥 얻어지는 게 아니다!

8. 성공을 위해 채용하자

내가 들은 최고의 조언 중 하나는 지금 가지고 있는 직업이 아니라 가지고 싶은 직업에 걸맞게 옷을 입으라는 것이었다. 조직의 경우에도 마찬가지이다. 오늘 채용하는 사람이 조직의 내일을 결정할 것이므로, 당신이 원하는 조직의 모습에 걸맞은 사람을 채용해야 한다.

물론 이것은 정체성의 문제로 귀결된다. 조직의 존재 이유와 당신이 바라는 조직의 모습을 알고 조직이 상징하는 핵심 가치를 이해하고 분명히 표현할 수 있으면, 조직이 지향하는 목표에 맞는 열망과 비전을 공유하는 사람들을 알아보기가 훨씬 더 쉬워진다.

이는 채용 과정에서 구체화시킬 수 있는 사안이다. 구글이 사람들에게 알고리즘이나 퍼즐을 풀어보게 함으로써 분석력을 파악하는 것처럼, 이야기식 시나리오나 역할극을 이용해 사람들이 다양한 상황에 어떻게 반응하는지 살펴봄으로써 그들의 가치관, 신념, 협동력을 알아낼 수 있다. 복잡한 문제의 해결 과정을 함께하는 것처럼 간단한 방법도 있다. 동료에게 질문을 하거나 도움을 구하나? 아니면 끝까지 혼자 해결하려고 하나?

이러한 바람직한 특성 중 일부는 온보딩 교육이나 훈련을 통해 해결 및 강화할 수 있

> **다른 사람이 최선을 다하길 원하면 그들이 최선을 다하고 싶게 만들어야 한다.**

다. 기대치를 명확히 하고 사람들에게 개선의 여지를 주면 그들이 연결을 맺도록 지도할 수 있다. 예를 들어, '온보딩 친구'를 지정하거나 신입 사원들이 그들의 상사와 함께 다니게 하는 것은 관찰과 질문을 통해 배움을 얻는 좋은 방법이 된다. 하지만 당신이 만들고자 하는 조직과 성향이 다른 사람들도 있다는 것을 인식하는 것 역시 중요하다. 때로는 누군가를 놓아주는 것이 모든 사람이 효과적으로 연결되도록 돕는 최선의 방법이다.

9. 나를 위한 시간을 가지자

연결도 물론 중요하지만, 지식 성찰을 실천하는 리더로서 단절의 모범을 보이고 팀원들에게 휴식과 회복의 중요성을 보여주는 것도 중요하다. 때로는 어떤 문제에 몰두하거나 자신과 팀이 무엇인가를 해내도록 밀어붙이는 등, 가장 열심히 일하고 있을 때 오히려 도전과 기회를 계속 새로운 눈으로 바라보지 못하고 학습된 행동 패턴에 빠지게 된다.

앞서 설명했듯이, 새로운 기회와 새로운 연결에 대한 개방성은 지식 성찰을 실천하는 리더가 아주 중요하게 여기는 것이다. 다른 사람들과 연결되려면 먼저 자신과 연결되어야 하는데, 그렇게 하려면 자기 인식을 새롭게 하고, 자신의 가치관을 드러내고, 자신이 배운 것을 총체적 자아에 통합시킬 시간과 공간이 있어야 한다. 이것이 내가 항상 비즈니스 리더들에게 연결을 맺는 가장 좋은 방법은 단절할 수 있는 공간을 만드는 것이며, 팀을 효과적으로 이끄는 가장 좋은 방법은 자신을 위한 시간을 갖는 것이라고 말하는 이유이다.

목표는 스케줄을 정리할 뿐만 아니라 마음을 정리함으로써 연결을 끊는 것이다. 휴대폰을 끄고 새 소리나 빗소리를 듣거나, 샤워를 오래 하거나, 별과 구름을 바라보거나, 심호흡 운동을 하거나, 엘리베이터 대신 계단을 오르는 등, 재집중을 돕는 의식의 시간을 가져보자. 소음에서 벗어나 영적, 정신적, 정서적인 안정을 주는 장소를 찾는 데 최선을 다하여 더 큰 집중력과 에너지를 가지고 신중한 재연결을 해나갈 수 있도록 하자.

리더가 맡은 아주 중요한 일 중 하나는 바람직한 행동의 모범을 보이는 것이다. 휴가 때 잘 쉬고, 근무를 제시간에 마무리하며, 밤중에 이메일을 보내는 것은 자제하자. 그러면 직원들은 단절이 허용되고 바람직한 것이며, 단절이 지속 가능한 관계와 역시 지속 가능하고 효과적인 지식 체계를 구축하는 데 필수적인 요소임을 이해하게 된다.

10. 연결의 문화를 구축하자

리더가 자신을 알기 위해 시간을 들이고, 그 자기 인식을 이용해 다른 사람들을 알고 그들과 연결되고자 할 때, 그가 이끄는 팀이나 조직 전체는 더 건강하고 총체적인 자아감을 가지고 성장하게 된다.

직원 개개인은 신중하게 단절하고 재연결하는 자기만의 방법을 찾아 번아웃과 탈진을 피하고 더 재미있고 즐겁게 주변 사람들과 소통하게 된다. 시간적 여유를 두고 새로 배운 것과 새로운 지식을 더 광범위한 지식 체계로 흡수시킨 다음, 어떤 새로운 연결을 만들어 나가야 하는지 명확히 생각할 수 있는 능력과 에너지를 가지고 업무에 복귀하게 된다.

리더는 이러한 행동의 모범을 보일 수도 있지만, 이를 구축할 수도 있다. 어떤 리더는 사람들이 틀을 깨고 새로운 시각으로 상황을 볼 수 있도록 회의 사이에 짧은 휴식 시간을 갖거나, 회의실이 아닌 공원에서 회의를 열자고 한다. 또 어떤 리더는 직원들이 업무와 연결 또는 단절되는 시기와 방식에 대해 전적인 책임을 질 수 있도록 직원들의 휴가를 보장하거나, 넷플릭스처럼 무제한 휴가 시간을 제공하기도 한다.

어떤 조직은 그보다 더 나아가기도 한다. 예를 들어, 구글은 일주일에 하루는 직원들이 자신이 선택한 프로젝트에 집중할 수 있는 시간을 주고, 3M은 직원들이 일상 업무와 단절되어 새로운 아이디어를 찾아내도록 장려하는 '15퍼센트 규칙' 덕분에 22,800건 이상의 특허를 따냈다. 이러한 정책들은 명확한 사명감, 개인 간의 강력한 연결과 결합하여 직원들이 도전 과제를 새로운 시각으로 바라보고, 지식을 발전시키고, 놀라운 성과를 낼 수 있게 해준다.

목적이 있는 연결

다른 사람들과 연결을 맺는 방법, 새롭고 더 나은 방식으로 연결되기 위한 단절의 시기와 방법을 알면 행동이 훨씬 명확해지고 목적의식도 커진다. 신중한 연결은 항상 당장 할 일뿐만 아니라 그 이면의 더 깊은 의미에까지 초점을 둔 사명감에 기반을 둔다.

얼마 전 새로운 건설 프로젝트에 관한 지역 뉴스를 보았는데, 한 기자가 지하 케이블을 설치하는 작업자와 인터뷰를 하기 위해 구덩이 안을 내려다보고 있었다. "지금 무엇을 하고 계신가요?" 그가 작업자에게 물었다. 작업자는 미소 띤 얼굴로 기자를 쳐다보며 말했다. "정유소를 짓고 있습니다!" 이는 놀라운 태도이다. 그 작업자는 자신이 기다시피 돌아다녀야 하는 구덩이나 땅에 꽂고 있는 케이블만 본 것이 아니라, 자신의 작업을 조직이 지향하는 최종 결과와 연결할 줄 알았던 것이다.

리더로서 우리가 할 일은 팀원 모두가 자신에게 기대되는 일 말고도 왜 그 일을 하고 있는지, 왜 그 일이 조직 전체에 그토록 큰 가치를 지니는지까지 이해하도록 하는 것이다. 각각의 작은 업무는 더 큰 일의 일부이며, 우리는 직원들이 가치를 느끼고 자신의 일이 가치있다고 느끼도록 명확하게 소통해야 한다. 이러한 연결을 통해 사람들은 고개를 숙이고 자신의 작은 퍼즐 조각에만 집중하기보다는 바깥으로 눈을 돌리게 되며, 연결과 성장을 위한 새로운 기회가 창출된다.

지식 성찰을 실천하는 리더로서 당신이 조직의 분위기를 정한다는 점을 기억하자. 당신이 스스로에게 들이는 노력이 다른 사람들에게도 지식 성숙을 향한 같은 종류의 성장을 불러일으키므로, 당신은 곧 문화적 모범이다. 이것이 바로 지식 성찰의 힘이다. 지식 성찰은 우리 자신을 이해하여 다른 사람들까지 이해하고, 우리 자신과 연결되어 다른 사람들과도 연결될 수 있도록 도와주며, 그들의 통찰력과 지식을 제공받아 다시 자기 이해를 강화하도록 해준다.

자신과 다른 사람들을 더 많이 이해하고 그 둘 다와 더 긴밀하게 연결될수록 존중, 연민, 신념을 가지고 살아가고, 이끌어가게 된다. 그러면 당신의 조직 전체로 동일한 특성과 특징이 퍼져나가, 주변 모든 사람과 더 깊고 심오한 인간관계를 맺을 수 있을 것이다.

활용하기
(그러면서도 계속 행동하기)

    자본주의 사회를 이해하려는 경제학자들은 야드 세일 모델을 이용해 사람들 사이의 돈의 흐름을 설명하기도 한다. 같은 액수의 초기 자금을 가진 사람들이 짝을 지어 동전 던지기로 총재산의 최대 20퍼센트를 걸고 도박을 한다고 상상해 보는 것이다.
    이것은 공정하고 균형 잡힌 것처럼 들릴지 모르지만 불평등이 금세 드러난다. 성공과 실패는 빠르게 자기 강화가 되는 경향이 있어서, 초반에 돈을 잃은 사람은 향후 동전 던지기에 돈을 걸기가 부담스러워지는 반면, 초기에 돈을 딴 사람은 이후 라운드에서 지더라도 그로 인한 불이익을 덜 체감하게 된다. 순전히 우연히 유통되는 돈은 소수 플레이어의 수중에만 축적되며, 이것이 한동안 지속되면 단 한 명의 큰 승자를 제외한 모두는 파산할 것이다.

다행히도 야드 세일 문제를 연구하는 연구원들은 이 순환고리를 닫고 각 판이 끝날 때마다 플레이어들에게 총재산의 일부를 재분배함으로써 그러한 현상을 방지하는 법을 찾아냈다. 플레이어들이 재산의 단 0.1퍼센트를 '세금'으로 내고 그 현금이 모든 플레이어에게 균등하게 분배되자, 고착화되어 불가피해 보였던 불평등은 금세 사라지고 그 사회는 훨씬 더 안정적이고 평등해졌다.

지식에 관한 한 아직도 많은 사람들이 '야드 세일' 사고방식에 갇혀 있다. 우리는 자신의 지식을 극대화하고 가까이 두려고 노력하며, 다른 사람들의 지식에 대해서는 어떻게 하면 그것을 우리에게 가치 있

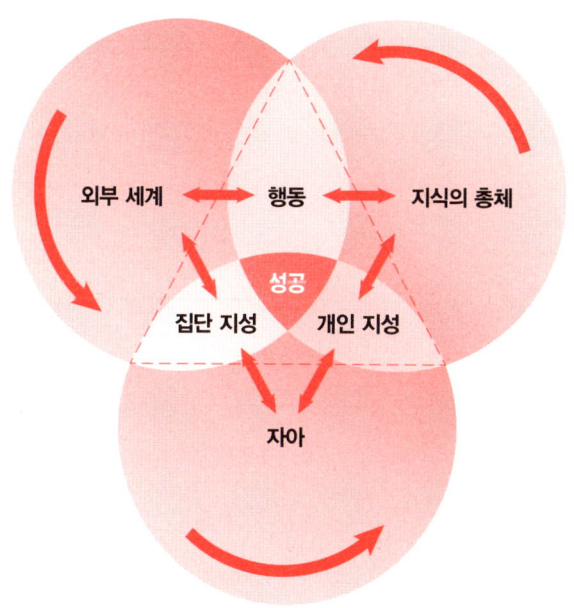

게 이용할 수 있을지 묻는 데에 집중한다. 그 결과 야드 세일 문제와 마찬가지로 거의 모든 사람이 지치고, 고립되고, 진정한 성공에 필요한 지식 자원으로부터 단절되는 등 더 나쁜 상황에 빠지게 된다.

지식 성찰은 야드 세일 연구자들이 했던 것처럼 지식 체계와 관련한 순환고리를 닫을 수 있다고 말한다. 우리가 속한 체계의 건강을 염두에 두면(자신 및 다른 사람들과 연결을 맺고, 지식을 신중하게 재분배 및 공유하고 재투자하며, 우리 지식의 총체를 효율적으로 사용하고, 다른 사람들을 동참시키는 등), 그전까지 가능하다고 생각했던 것보다 훨씬 더 공평하고 지속 가능한 방식으로 훨씬 더 많은 것을 달성할 수 있다.

성공의 의미

지식을 제대로 활용하려면 지식 성찰의 '황금 삼각형'으로 돌아가 볼 필요가 있다. 기억하겠지만, 이는 3C 순환고리가 변화와 지식 성숙을 위한 총체적 엔진으로 함께 작동할 때 일어나는 지식의 원활한 흐름을 말하는 것이다. 앞서 우리는 지식 성숙도를 높이려면 개인적 지혜의 공간, 집단 지성의 공간, 행동의 공간이라는 세 개의 주요 창을 모두 운용해야 한다고 이야기했다. 이 마지막 장에서 지식으로부터 얻는 가치를 극대화시키는 방법에 대해 생각해 볼 때, 이 창들 중 단 하나에만 의존해서는 성공을 얻을 수 없다는 점을 기억해 주길 바란다.

성공은 이 세 개의 창 모두를 조화롭게 활용할 때 찾아온다. 우리의 지식을 새로운 개인 지성의 상태로 끌어올리거나, 집단 지성을 높이

거나, 행동을 향상시키는 것만으로는 성공을 거둘 수 없다. 성공은 우리가 이 세 가지를 모두 활용하여 행동이 개인 지성을 촉발하고, 개인 지성이 집단 지성을 이끌어내고, 집단 지성이 행동에 박차를 가할 때 추진력을 얻는 일종의 플라이휠flywheel | **처음에는 추진력이 필요하지만 가속도가 붙으면 알아서 돌아가는 바퀴처럼, 지속적 성장을 목표로 하는 선순환 구조를 의미함-옮긴이**로 전환할 때 이루어진다.

이 세 가지를 올바르게 이해할 때, 즉 이 세 가지의 조화를 이루고 각 부분을 활용해 전체를 발전시킬 때, 우리는 부, 승진이나 기타 가시적인 성과에만 집착하지 않는 새로운 종류의 성공을 거둘 수 있게 된다. 그런 가시적인 것들뿐만 아니라 다른 사람들에게 미치는 영향과 자신의 삶에서 느끼는 성취감까지 아우르는, 보다 총체적인 형태의 성공을 말이다.

이러한 성공은 지식을 행동으로 옮긴 것에 대한 직접적인 결과이다. 지식 성찰은 무엇보다도 현실의 문제를 더 효과적으로 해결하기 위해 올바른 행동을 취하고 보다 현명한 결정을 내리도록 해주는 하나의 프레임워크이다. 하지만 동시에, 최고의 성과를 얻으려면 개인적, 집단적 지혜의 증기를 반영하는 방식으로 지식을 구체화하고 괄목할 만한 성공을 이루더라도 계속해서 더 나은 접근 방식을 찾기 위해 노력해야 한다는 이해에 기

> **성공은 우리가 이 세 가지를 모두 활용하여 행동이 개인 지성을 촉발하고, 개인 지성이 집단 지성을 이끌어내고, 집단 지성이 행동에 박차를 가할 때 추진력을 얻는 일종의 플라이휠로 전환할 때 이루어진다.**

반을 두고 있기도 하다.

이렇게 성공은 지식 성숙의 궁극적인 결과로 볼 수 있다. 물론 지식 성숙도가 높아지면 성공에 '궁극적인' 것이란 없다는 것을 깨닫게 되겠지만. 얻고자 노력해야 할 것은 항상 있으며, 계속 순환고리를 닫으며 우리의 지식을 효과적인 행동으로 변화시키는 새롭고 더 나은 방법을 찾기 위해 노력하는 것은 항상 중요할 것이다.

지식의 활용에 대해 이야기할 때 우리가 진정으로 의미하는 바가 바로 이것이다. 지식 성숙을 위해 노력하는 것은 특정 종류의 성공으로 가는 지름길이나 어떤 구체적인 가치 및 가시적인 영향력을 실현하게 해주는 치트 키를 찾는 것만을 의미하는 게 아니다. 이는 지식 성숙의 모든 측면의 상호 연결성을 이해하고 그것을 조화롭고 총체적으로 활용하여 우리와 우리가 이끄는 팀을 새로운 차원으로 끌어올리는 것을 의미한다.

이제 리더가 더 높은 지식 성숙도를 향한 여정을 이어가며 이러한 가치 창출 순환고리를 활용해 성공을 이끌어낼 수 있는 방법들을 살펴보고자 한다.

1. 계속 실험하자

가치 창출을 위해 지식 성숙도를 높이고자 할 때 유념해야 할 가장 중요한 것은, 더 좋은 방법은 항상 있다는 것이다. 당신은 자신과의 경쟁을 하는 것이다. 기존 방식이 더는 통하지 않는 벽에 부딪혔다면, 더 나은 방법을 알아내고 그것을 조직 전체에 적용하는 것은 당신에게 달려있다!

  이는 항상 헝그리 정신을 유지하고 마음을 열고 호기심을 가지며 이러한 특성을 이용해 조직 전체에서 재미있는 실험을 해나가는 것을 의미한다. 여기서 실험이란 우리의 모든 감각을 한꺼번에 활성화하고 훈련하여 더 완전하게 '존재'하는 것을 말한다. 새로운 시도는 물론이고 기존의 것을 조사하고 테스트하는 것, 즉 현재 상태에 의문을 제기하여 새로운 가능성을 찾고 기존의 이해를 확인하고 확장하는 것을 의미한다.

  지식을 시험하고 다듬고 검증 및 확인하려면 탐구자의 사고방식을 가져야 한다. 내면의 아이와 다시 연결을 맺고, 구성된 자아에 따르는 제약 없이 사물을 보는 방법을 다시 배우자! 하지만 탐구를 행동으로 옮겨야 한다는 점도 잊지 말자. 작은 규모로 효과를 본 것들을 활용하여 빠른 성공을 거두었다면 당신이 개발한 검증된 전략을 다른 팀들도 적용하도록 장려함으로써 성공을 확대시키자.

  효과적인 실험은 꽤 작은 규모로 시작된다. 목표는 데이터와 정보를 수집하고, 이를 검증 및 테스트한 뒤 다시 우리의 이해와 의사결정 과정에 반영하는 것이다. 이는 마치 제품을 디자인할 때 끊임없이 테스트하고 견본을 만들고 반복하고 검증하는 것과 비슷하다. 지식도 계속해서 테스트되고 반복되어야 한다. 지식은 살아있는 시스템과 같아서 계속 변화하고 진화하기 때문에 계속해서 재고하고 재설계하고 새롭게 하고 다시 활력을 불어넣기 위해 노력해야 한다.

  이러한 방식으로 이해를 높이면 우리의 관점이 더 명확해지며, 우리의 결정이 우리가 추구하는 성공으로 이어질 확률도 높아진다. 그 길은 반드시 탄탄대로는 아니다. 이해를 다듬다 보면 때로는 새로운 문제를 발견하거나 전에는 보이지 않았던 난관에 봉착할 수도 있다. 하지만 그래도 괜찮다! 지식 성찰을 실천하는 리더로서 중요한 것은, 실험하려는 의지와 행동하고 위험을 감수하는 용기를 보여줌으로써 팀원들이 혁신을 추진하는 데 필요한 용기, 신뢰, 자신감을 얻도록 하는 것이다.

앞으로 나아가는 길이 항상 순탄하지 않을지라도 우리는 계속 나아가야 한다. 적응하지 못하고 성장하지 못하는 비즈니스는 살아남을 수 없다. 그러니 계속 실험하고, 테스트하고, 새로운 아이디어와 선택지를 찾도록 하자.

2. 정해진 대본에서 벗어나자

혁신은 실험실이나 연구 센터에서만 이루어지는 것이 아니다. 두 명 이상의 사람이 모여 아이디어를 공유할 때마다, 특히 그들이 열린 마음으로 서로 배우고 그러한 아이디어를 함께 구축해 나간다면, 불꽃이 일어나기 마련이다. 이를 위해 우리는 이상해 보이거나 놀랍거나 정해진 대본에서 벗어난 상호작용을 받아들이고 그 안에서 가치를 발견할 수 있어야 한다.

얼마 전에 극장에 갔는데, 스타 여배우가 마무리 독백을 하려던 차에 객석 어딘가에서 울리는 소리가 들렸다. 누군가가 휴대폰을 진동으로 바꾸는 것을 잊어버린 것이었다! 여배우는 순간 깜짝 놀랐다. 얼굴에는 긴장한 기색이 역력했고 결국 리듬을 놓쳐버렸다. 그녀는 두 눈을 감고 다시 집중하여 대본대로 독백을 이어갔지만, 연극 전체의 엔딩은 엉망이 되었다.

반면에 즉흥극에서는 배우들이 예기치 못한 상황을 받아들이는 훈련을 받는다. 절대로 "아니요"라고 말하지 말고 "네, 그리고…"라고 대답해야 한다. 한 배우가 무대에 올라 "내 타조 봤어요?"라고 물으면 다른 배우는 "아니요"라고 하지 않고 "그럼요, 방금 그 타조가 우리 할머니를 물었는걸요!"와 같이 대화를 이어가며, 서로의 아이디어에 살을 덧붙여 코믹한 촌극을 금세 만들어낼 것이다.

리더로서 성공하려면 대본대로 읽는 배우보다는 즉흥극의 코미디언처럼 생각하는 방법을 배워야 한다. 즉흥적으로 하려면 당황스러울 수도 있지만, 이러한 예기치 못한 순간에 방향을 잡고 소소한 상호작용들과 예상치 못했던 사고방식에서 비롯되는 가능성을 포착할 줄 알게 되면 조직 이곳저곳에서 튀어나오는 온갖 다양한 아이디어와 관점의 잠재력을 최대한 활용할 수 있다.

그렇다고 해서 행동할 때마다 잘 돌아가고 있는 것을 일부러 뒤엎으라는 뜻은 아니다. 효과적인 해결책을 찾았다면 다시 이용해도 괜찮다! 핵심은 기본은 그대로 유지하되 새로운 아이디어를 테스트해볼 여지를 두는 것이다. 가령, 검증된 레시피에 따라 케이크를 굽지만 프로스팅이나 장식에 변화를 주는 것처럼. 나는 강의를 할 때도 이러한 접근 방식을 적용한다. 전체적인 윤곽은 똑같이 유지하면서도 새로운 아이디어, 예시나 관점을 도입할 여지를 두어 시간이 지남에 따라 배우고(또는 배운 것을 버리고) 아이디어를 쇄신할 수 있도록 하는 것이다.

3. 변화를 신중하게 관리하자

물론 단지 우연한 상호작용에 개방적이라고 해서 새로운 아이디어를 전략적 변화로 전환할 수 있는 것은 아니다. 새로운 방식을 확장하려면 검증되지 않은 아이디어에 지나치게 매달리거나 사람들에게 겁을 주어 신뢰를 잃는 일 없이 실험적 발상을 운영할 수 있는 능력이 필요하다.

이를 달성하는 가장 좋은 방법은 직원들을 변화의 과정에 참여시키고 그들의 '동의'를 얻는 것이다. 관리가 쉬운 소규모 파일럿 프로젝트를 통해 영향력 있는 팀원 몇 명을 뽑아 새로운 아이디어나 전략을 테스트하고 평가하도록 하는 것에서부터 시작해 보자. 그들에게 질적, 양적 결과를 측정하고 검증해달라고 요청하고, 사람들이 그 새로운 운영 방식에 대해 어떻게 느끼는지도 물어보자. 재평가 및 미세 조정 과정을 거쳐 효과가 있는 것과 없는 것을 확인한 다음 실행 가능한 해결책을 찾았다고 80퍼센트나 90퍼센트쯤 확신이 들면 조직의 더 큰 하위집단으로 확장해서 진행해 보자. 새로운 접근 방식이 효과가 있다는 확신이 들 때까지 이 과정을 반복하면 자신있게 규모를 확장할 수 있으며 팀원들도 자신감을 얻게 된다.

여기서 핵심은 파일럿 프로세스에 소규모 집단을 참여시킴으로써 그들이 당신이 이루고자 하는 변화를 옹호하도록 만드는 것이다. 단순히 위에서 변화를 지시하는 것이 아니라, 다른 사람들이 주인의식을 느끼고 또 다른 사람들에게도 홍보하고자 하는 과정이 될 것이다.

목표는 단지 사업이 잘 되어서 승진을 하고 투자자들의 주머니를 불려주는 것만이 아니라, 모두에게 이익이 되고 모두가 공유하는 가치를 증진하는 것이다. 당신이 그 약속을 이행하면 할수록, 더 많은 사람들이 그 모습을 보고 앞으로 나아가려는 당신의 노력에 동참할 것이다.

4. 지식 시장을 인간화하자

조직에 흐르는 지식을 잘 이용하려면 지식이 사일로화된 여러 팀이나 부서에서 먼지만 쌓이도록 두지 말고 조직에 잘 흐르도록 해야 한다. 조직의 모든 직원은 자신의 성공과 조직 전체의 성공 모두를 이끌어내는 방식으로 유형 및 무형의 가치를 주고받을 수 있어야 한다.

전통적으로 조직은 사람들이 여러 종류의 데이터, 해결책, 노하우를 발견하고 공유하고 거래할 수 있는 지식 시장을 만들어 이를 실현하고자 노력해 왔다. 이것은 조직을 위한 전화번호부나 인명사전과 비슷해서, 사람늘이 수어진 문제에 노움을 줄 수 있는 주세별 전문가를 알아내는 데 도움을 준다. 하지만 사람들이 협력 관계를 조성하기보다 서로 더 나은 성과를 내려고 다투게 되면 그러한 시장은 종종 경쟁의 장이 되기도 한다.

지식 성숙도가 높아짐에 따라 우리는 개인적인 욕구를 절제하고 모두를 위해 서로 유익한 관계를 촉진할 줄 알게 된다. 지식 성찰을 실천하는 리더는 이런 종류의 성숙을 지식 시장에도 도입하려고 노력한다. 단순한 이력이나 직업 관련 설명을 넘어서는 교환을 조성하고, 조직 전체에서 데이터를 발견하고 공유하는 과정을 인간화하는 것이다.

그들은 배우고자 하는 바를 미리 알고 있어야 하는 거래적 교환 대신, 팀원들 간에 더 유기적이고 직접적인 연결을 촉진한다. 그들은 단순한 정보의 전달이나 추출이 아닌 감정과 가치가 얽혀있는 교환 방식을 만들고, 팀원들이 가장 간단한 대화에도 온전한 자아와 지식의 총체를 활용할 수 있는 기회를 창출한다.

지식 시장은 본질상 비공식적이며, 강제적인 계약에 구속되지 않기 때문에 신뢰가 없어서는 안 될 전제조건이다. 리더는 직원들이 상대방을 의지하고 신뢰하도록 격려하고, 지식 시장에서 일어나는 모든 교환은 양자 간에 이루어지고(이루어져야 하고) 이를 통해 양측 모두 얻는 바가 있어야 함을 인식하도록 해야 한다. 요즘에는 이타주의자가 많지 않아서, 대부분의 사람들은 어떤 형태로든 호혜주의를 기대한다!

보다 신뢰도 높은 지식 시장을 개발하는 자극제에는 여러 가지 형태가 있을 수 있다. 핵심 팀원들을 다양한 역할이나 사업부 또는 사무실에 순환 배치하여 조직의 더 넓은 부분에서 연결을 맺도록 할 수도 있을 것이다. 또 포럼, 타운홀 미팅, 친목회를 열어 부서 간 대화의 기회를 제공할 수도 있다. 아니면 피치 대회pitch competition|**주로 스타트업이나 기업이 투자자에게 비즈니스 아이디어를 소개하는 대회-옮긴이**부터 사외 브레인스토밍 모임에 이르기까지 자유로운 아이디어 교환을 장려하는 행

사를 만들 수도 있다.

약간의 위기감도 사람들을 뭉치게 하는 데 도움이 될 수 있다. 도전을 극복하는 것은 우리를 더 강하게 하나로 묶어주기 때문이다. 하지만 경쟁보다 협력을 촉진하려면 팀워크에 대한 명확한 기대치를 설정하고, 공유에 대한 보상을 제공하며, 집단 프로젝트를 기준으로 업무 평가를 진행해야 한다. 또한 개인의 협력적 노력에 대한 공로를 뉴스레터나 기념식을 통해 인정해 주는 것도 도움이 될 수 있다.

목표는 단순히 기술적 지식을 나열하는 것을 넘어 사람들이 협업을 목적으로 연결될 수 있는 기회를 제공하는 것이다. 즉, 누가 더 큰 파이를 차지하느냐를 두고 싸우는 것이 아니라 모두를 위해 파이를 더 크게 만들거나, 힘을 합쳐 여러 개의 파이를 만드는 것이다. 의미 있는 대화를 통해 참여자들은 새롭고 더 큰 패턴이 생겨나는 것을 보게 되고, 기술적 지식뿐만 아니라 통찰력, 관점, 가치관과 그 밖에 각 개인의 지식의 총체를 구성하는 모든 것, 즉 조직의 지식의 총체를 구성하는 모든 것으로부터 이익을 얻게 될 것이다.

5. 지식을 낭비하지 말자

인간화된 지식 시장은 지식 교환의 폭을 넓히는 데 도움이 될 수 있지만, 그로 인해 생성되거나 발견되는 지식을 활용하는 문제에 대해서는 고민해 보아야 한다. 그렇게 하려면 신중한 긍정 편향(새로운 아이디어가 떠오를 때 "네, 그리고…"라고 말하도록 노력하라던 것을 기억하자!)과 행동 편향이 필요하다. 새로운 아이디어라고 해서 전부 비판

없이 받아들일 필요는 없지만, 그렇다고 반사적으로 무시해서는 안 된다.

프리토레이**Frito-Lay**의 사례가 그 좋은 예이다. 한 히스패닉계 하급 직원은 그의 가족이 옥수수에 뿌려 먹던 매콤한 칠리 파우더를 치토스에 뿌려도 맛있다는 사실을 깨달았다. 그는 회사의 CEO에게 전화를 걸어 아이디어를 설명했고, 전화를 끊지 않고 그의 말을 경청한 CEO는 그 아이디어의 잠재력을 보았다. 그 이후에는 다들 알다시피, 플레이밍 핫 치토스는 미국에서 가장 인기 있는 과자가 되었고 덕분에 치토스는 40억 달러의 가치를 지닌 브랜드로 성장했다.

조직 안에 퍼져있는 지식에 주의를 기울이지 않은 리더에 관한 사례도 많다. 1986년 로켓 공학자 로저 보졸리**Roger Boisjoly**는 나사 **NASA**의 우주 왕복선에 설계적 결함이 있어서 영하의 온도에서 발사하는 것이 안전하지 않다고 여러 차례 건의했다. 하지만 우주선 로켓 엔진의 메커니즘에 관한 그의 깊은 이해를 경영진은 인정하거나 행동으로 옮기지 않았고, 결국 계획대로 발사된 챌린저호는 발사한 지 얼마 되지 않아 비극적으로 폭발하고 말았다.

지식 성찰을 실천하는 리더는 어디서 나온 아이디어든 열린 마음으로 경청하고, 더 크고 협력적인 대화를 통해 조직에서 사용 가능한 지식을 극대화하여 더 현명한 결정을 내릴 수 있어야 기회를 붙잡고 재앙을 예방할 수 있다는 사실을 안다. 지식을 낭비하는 것보다 더 큰 리더십 범죄는 없다. 그러므로 새로운 통찰에 마음을 열고, 팀원 모두에게 새로운 관점과 지식을 적극적으로 요청하며, 어떤 지식을 활용하고 확장할 것인지에 대해 의미 있는 합의가 이루어지도록 하자.

6. 권한을 공유하자

단순히 접하는 지식을 잘 받아들이겠다는 결심만 가지고는 지식을 낭비하지 않겠다는 약속을 지킬 수 없다. 팀을 믿고 주변 사람들에게 권한을 부여하여 그들 스스로 기회를 포착하고 지식을 행동으로 옮길 수 있게 하려는 의지 또한 필요하다.

이런 일을 잘하는 기업 중 하나가 넷플릭스이다. 넷플릭스는 조직 전반에 걸쳐 고위 리더의 권한을 위임하는 것으로 잘 알려져 있으며, 이에 각 팀은 무엇을 하라는 지시를 받거나 행동에 대한 허가를 기다릴 필요 없이 책임을 지고 계획을 실행할 수 있다. 창립자 리드 헤이스팅스**Reed Hastings**는 "분기 내내 아무런 의사결정을 내릴 필요가 없을 때도 있습니다"라고 말한다. "우리가 하고자 하는 것은 사람들에게 책임감을 심어주고 일할 수 있는 권한을 부여하는 것입니다."

이는 중요한 관점이다. 행동할 권한은 공유된 비전, 공유된 가치, 신뢰에 대한 분명한 이해를 기반으로 하기 때문이다. 이러한 의미에서 권한은 우리의 지식 성숙도에서 비롯된다. 성숙도가 높을수록 공유된 정체성과 비전의 의미를 이해하고 그 지식에 따라 행동하려고 할 것이므로 더 협력적이 되고, 다른 사람들에게도 더 많은 협력을 불러일으키게 되는 것이다.

당신은 의사결정 과정에 불참하는 것이 아니라, 팀이 더 큰 그림과 회사의 전략적 목표 및 핵심 가치에 부합하는 방식으로 행동하도록 권한을 줌으로써 정체성과 공동 목표를 구축하는 데 에너지를 투자하는 것이다. 즉, 당신의 지식의 총체를 공유하고 직원들이 그들의 지식의 총체를 활용해 모두에게 유익한 더 빠르고 영리한 상호 의존적 의사결정을 내리도록 돕는 것이다.

7. 용기 내어 행동하자

지식을 활용하는 데 있어서 주된 장애물 중 하나는 지식을 긍정적 결과로 이어지는 행동으로 옮길 때 필요한 조치를 취하는 데 대한 두려움이다. 사람들에게 행동할 권한을 주는 것도 중요하지만, 모두가 (당신을 포함해서!) 자신감과 스스로에 대한 믿음을 갖고 아이디어와 가능성을 실질적 가치를 구현하는 구체적인 행동으로 전환하도록 도와야 한다.

아는 것을 행동으로 옮기기 어렵게 만드는 '학습 마비' 패턴에 빠지기란 놀랄 만큼 쉽다. 당신의 특징과 약점을 드러내 살펴볼 때는 망설임이나 자기 의심뿐만 아니라 결단력 있게 행동하지 못하게 만드는 완벽주의 등, 행동을 방해하는 사고와 습성의 패턴을 찾아보는 것이 중요하다.

이러한 문제는 종종 우리의 자아와 우리가 누구인지 또는 어떤 사람이 되기를 바라는지에 대한 감각과 결부되어 있다. 예를 들어, 내가 책 작가라는 지위에 큰 자부심을 가진다면 내가 쓰고 있는 책에 어마어마한 중요성을 부여하게 되어 글 쓰는 것 자체가 거의 불가능해질 것이다! 내가 쓰는 책이 완벽하지 않으며 그래도 괜찮다는 것을 받아들여야만 계속 글을 쓰고 결국 출판사에 원고를 전달할 용기와 에너지가 생긴다. 지식은 끊임없이 진화하고 있기 때문에 내가 쓰는 모든 책은 어떤 주제에 관한 시작점일 뿐, 최종 결론이 되지는 못한다.

마찬가지로 리더로서 우리는 우리 자신에게 일종의 행동 편향을 심어주고, 아이디어를 행동으로 옮기기 힘들어하는 팀원들을 살피기 위해 노력해야 한다. 도달할 수 있을지 확신할 수 없는 목표를 위해 노력하는 용기의 모범을 보이고, 실수에 관대해야만 궁극적으로 도달해야 할 곳으로 가는 길을 구축할 수 있음을 팀원들이 이해하도록 해야 한다.

이는 종종 우리 모두가 공통의 사명과 목표를 가지고 여정을 동행하고 있으며, 우리가 직면하는 도전은 계속 앞으로 나아가는 데 도움이 되는 것들을 가르쳐준다는 사실을 인식하는 데 달려있다. 이러한 관점에서 볼 때, 한 개인이 경험하는 인정과 성공은 우리가 팀으로서 어디에 도달하느냐에 비해 그 중요성이 훨씬 덜하다. 이 메시지를 전파하면 직원과 동료들은 자존심(그리고 자존심이 조장하는 두려움과 마비!)을 초월하여 모두에게 유익한 전략을 실행하고자 더 결단력 있고 용기 있게 행동할 방법을 찾기 시작할 것이다.

8. 고된 일상에서 기쁨을 찾자

모든 리더는 열심히 일하며, 리더십을 발휘하기란 결코 쉬운 일이 아니다. 하지만 지식 성찰을 실천하는 리더는 항상 그 과정에서 기쁨을 찾으려 노력한다. 매일 혼신을 다해 일하고, 만나는 모든 사람과 의미 있고 생산적인 관계를 맺으며, 깊은 목적을 가지고 지식을 활용한다. 그래서 이들에게는 번아웃이 쉽게 찾아오지 않는다. 리더십이 목적을 위한 수단이 아니라 풍요롭고 농축된 경험, 즉 최고의 자아를 찾고 다른 사람들 역시 그들 자신의 최고의 모습을 찾도록 돕는 진정한 사랑의 노동이 되기 때문이다.

이렇게 볼 때 리더십은 특권이자 소명이며, 한 인간으로서 당신에게 가장 중요한 모든 것이 자연스럽게 흘러나오는 것이다. 이런 의미에서 일과 삶의 균형은 '일'과 '삶'을 구분 짓는 데서 생겨나는 것이 아니다. 오히려 그 균형은 일과 리더십을 통해 자기 삶을 표현하고, 자신이 가장 가치 있게 여기는 것들과 자아의 총체를 드러낼 때 생겨난다.

다시 말해, 당신의 일 자체가 보상이 되어야 하며, 이를 위한 유일한 방법은 현재의 순간에 집중하는 것이다. 도쿄 일부 거리에 옹기종기 모여있는 수백 개의 라멘 가게들을 생각해 보자. 각 가게는 지나가는 사람들에게 라멘을 파느라 바쁘고, 그 안에는 최고의 라멘을 만들기 위해 분주하게 일하는 주방장의 모습이 보인다. 가게를 프랜차이즈화하거나 확장하거나 다른 가게를 인수하려는 의도 같은 건 전혀 없으며 그저 당장 주어진 일, 현재의 순간, 사소한 것 하나까지 제대로 해낸다는 집요함에 대한 노력이 있을 뿐이다.

현재의 순간에 완벽함을 추구하는 일본인들의 이러한 관념을 '코다와리'라고 하며, 이는 강력한 지식 성

> **일과 삶의 균형은 '일'과 '삶'을 구분 짓는 데서 생겨나는 것이 아니다. 오히려 그 균형은 일과 리더십을 통해 자기 삶을 표현할 때 생겨난다.**

찰을 보여주는 측면이다. 신경과학자 켄 모기**Ken Mogi**는 1,300년 이상 황궁에서 연주해 온 일본의 궁정 음악가를 또 하나의 설득력 있는 사례로 꼽는다. 이 음악가의 궁중 의식 음악회 중 상당수는 잘 알려지지 않은 황제를 기리는 것이었고 무관객으로 진행되었다. 그 음악가는 "우리는 관객이 없는 상태에서 연주하고, 노래하고, 춤을 춥니다"라고 말했다. "마치 죽은 황제들의 영혼이 하늘에서 내려와 잠시 우리 곁에 머물며 음악을 즐기다가 돌아가는 것 같은 느낌이 들지요."

이러한 자생적**self-sustaining** 현실감과 기쁨이 바로 지식 성찰을 실천하는 리더가 추구해야 하는 것이다. 목적과 사명 그리고 큰 그림에 완전히 부합하면 매 순간을 더 온전하게 살고 직면한 모든 도전이나 과제, 장애물에 전적으로(그리고 더 높은 수준의 지식 성숙도를 가지고!) 매진할 수 있다.

9. 항상 결과를 생각하자

과거에 뉴욕 북부 지역에 살던 이로쿼이족**Iroquois**은 어떤 결정을 내릴 때는 지금 살고 있는 사람들 뿐만 아니라 이후 7세대에 걸친 후손들에게 미칠 영향까지 고려해야 한다고 믿었다. 이러한 '7세대 책무' 개념은 오늘날 우리가 하는 일들이 현재 살아있는 사람은 물론 아직 태어나지 않은 사람까지 수많은 사람들과, 우리 생태계의 일부인 다른 모든 생명체에게까지 영향을 미친다는 점을 확실히 일깨워준다.

지식 성찰을 실천하는 리더로서 우리는 이와 같은 장기주의**long-termism**를 우리의 계획과 의사결정에도 도입해야 한다. 대부분의 비즈니스 리더는 이것이 직관에 반한다고 생각한다. 매일의 주가 실적, 월별 매출액, 분기별 손익 계산서가 중요하다는 생각에 익숙해져 있기 때문이다. 단기적 사고가 지속 불가능한 길로 이어지는 게 불을 보듯 뻔한 데도, 우리는 단기적 결과만을 생각하는 경향이 있다.

그러나 사실 장기주의는 단기적 이익에 반대되는 것이 아니다. 단지 단기적 이익은 시간이 지나도 지속될 수 있는 경우에만 고려할 만하다는 점을 인식해야 한다. 이는 종종 다른 사람들과 성공을 공유하는 것을 의미한다. 혼자서 유통되는 돈을 전부 손에 넣는다면 돈 자체가 아무 쓸모가 없게 된다. 교환하고 거래하고 공유해야만 성공이(금전적 성공이든 아니든) 정말 의미 있는 것이 된다.

지식 성찰을 실천하는 리더는 이를 인식하고 기억한다. 물론 그들도 주어진 거래나 협상에서 수익을 내거나 앞서 나가는 것을 나쁘다고 생각하지는 않는다. 하지만 그들은 진정한 성공은 장기적으로 구축할 때만 찾아온다는 것을 알고 있으며, 이는 그들이 스스로를 자신이 속한 생태계의 진정한 관리인으로 여긴다는 것을 의미한다.

10. 성공했다고 멈추지 말자

개인적인 지혜와 집단적 통찰력이 향상됨에 따라 당신의 이해도 깊어지고 당신과 팀 앞에 놓인 가능성과 기회에 대해 훨씬 풍부한 감각을 얻게 될 것이다. 하지만 성공이 끝이 아니라는 점을 꼭 기억하자! 아무리 좋은 일이 있어도 과거의 성공에 안주하거나 변화하는 세상 속에서 눈을 감고 있을 수는 없다.

물론 비즈니스 세계에서는 이런 일을 항상 보게 된다. 성공적인 제품 하나를 만들었지만 시장이 진화하거나 새로운 기술과 경쟁 제품이 개발되는 동안 새로운 목표를 찾지 못하는 기업들이 수도 없이 많다. 조직에나 개인에게나 핵심은 성공을 최종 목적지가 아닌 다음 도전과 다음 기회로 가는 디딤돌로 여기는 것이다.

당연히 애플은 그 대표적인 예이다. 스티브 잡스는 그의 컴퓨터와 소프트웨어 제국을 발판 삼아 아이팟이라는 새로운 부문에서 큰 성공을 거둔 다음, 다시 그 성공을 바탕으로 계속 길을 개척하여 아이폰, 아이패드, 애플워치와 같은 웨어러블 기기까지 출시했다. 그는 각각의 성공이 질문에 대한 해답이라기보다는 새로운 질문을 하게끔 유도하고, 고객에 대한 새로운 점들을 알려주고, 새로운 탐험과 혁신의 여정으로 그를 이끌었다고 생각했다.

지식 성찰을 실천하는 리더로서 우리의 목표는 이와 같은 끊임없는 탐구 정신을 기르고, 성공에 눈이 멀어 아직 모르거나 이해하지 못하는 것들을 무시해 버리지 않도록 하는 것이다. 항상, 그리고 일이 잘 풀릴 때는 더더욱, 3C 순환고리를 이용해 창조, 연결, 활용의 순환을 이어가는 동시에 그 과정에서 배우고 발견한 것들에 대해 쇄신하고, 단절하고, 행동해야 한다.

이는 고객과 우리 주변 세계로부터 유입되는 신호들, 조직 내부에서 유입되는 신호들에 민감해야 함을 의미한다. 주변에서 일어나는 일에 계속 주의를 기울이는 것은 쉬운 일처럼 들릴 수 있지만, 대부분의 성공한 비즈니스 리더는 자신이 이끌고 섬기는 공동체에서 고립되고 소외되는 것이 현실이다. 지식 성찰을 실천하는 리더라면 그렇게 모르는 사이에 고립되지 않도록 항상 주의하고 대비해야 한다.

더 깊은 목적 찾기

황금 삼각형의 세 변이 함께 지속적으로 움직이도록 하면 지식 성숙도를 점점 빠르게 높일 수 있다. 한 영역에서 성공하면 할수록 다른 영역들에 더 큰 영향을 미치게 되기 때문이다. 결국, 이 삼각형의 '세 변'은 분리되거나 따로 떼어서 생각할 수 없는 게 현실이다. 그 셋은 서로 연결되어 있고 상호 의존적이라 한 영역이 성장하면 다른 영역들도 따라서 성장하는, 하나의 통합된 형태의 세 측면이라 할 수 있다.

결정적으로, 지식 성숙도가 높아지면 단순히 일만 더 잘하게 되는 것이 아니라 어디에 주의를 기울여야 하는지 결정하는 능력도 향상된다. 어디에 집중해야 하나? 어떤 일을 어떻게, 왜 해야 하나? 즉, 지식 성숙도의 향상은 지식을 더 의미 있는 방식으로 사용하고 자신과 주변 사람들이 더 의미 있는 목표를 발견하는 데 도움이 된다.

결국 지식 성숙은 대부분 독립성보다는 상호 의존성에 그리고 모든 것은 깊이 연결되어 있다는 깨달음에 기반을 두고 있다. 사실 이러한 상호 연결성이 바로 변화를 가능하게 하는 것이다. 사물을 어떤 체계의 일부로 볼 수 있어야 그 체계 전반에 걸쳐 변화와 성장을 이룰 수 있는 것이다. 그렇기 때문에 지식 성숙도를 계속 높이면 자신에게만 유익한 것이 아니라 다른 사람들에게도 체계적이고 지속 가능한 결과를 이끌어내고 모두에게 새로운 가능성과 기회를 열어줄 수 있는 영향력을 발휘할 기회를 찾게 될 것이다.

물론 지식 성숙도를 높이는 데는 시간이 걸린다. 지식을 활용하면 그 과정에서 점점 더 큰 이득을 보게 되지만 그것만이 유일한 목적은 아니다. 항상 새로 배울 것이 있으며 더 높은 성숙의 단계가 있다.

하지만 지식 성숙도를 높이면 자신이 속한 현실, 즉 세계관이 더 명확해지고 인식의 범위와 높이가 모두 확장된다. 리더로서 당신 자신과 당신이 이끄는 사람들, 당신이 하는 행동 사이의 상호 연결성뿐만 아니라 당신의 목적과 잠재력, 또 삶의 더 큰 그림 사이의 상호 연결성도 확인할 수 있게 된다.

이러한 깨달음을 더 확실하게 이해하면 이전까지는 경험하지 못했던 기쁨과 성취감을 찾게 되며, 전에 없던 에너지와 힘으로 이 계속되는 여정에 전념하고 또 전념하는 자신을 발견하게 될 것이다.

결론

가치 있는 삶으로 가는 길

특별히 할 일 없는 일요일 아침을 보내고 있다면 '윌리 가이스트와 함께하는 선데이 투데이 Sunday TODAY with Willie Geist'를 시청하는 편도 좋을 듯 싶다. 특히 최근에 세상을 떠난 사람들의 놀라운 삶을 기리는 '잘 산 인생 Life Well Lived' 코너는 선구적인 기자부터 전쟁 영웅, 민권 변호사, 우주 비행사에 이르기까지, 믿기 힘들 만큼 풍성한 삶을 살며 그 과정에서 우리 모두를 풍요롭게 해주었던 사람들을 추모한다.

그럼에도 불구하고 이 코너가 당혹스러운 이유는 이 쇼의 제작자가 누구의 삶이 잘 산 삶인지를 어떻게 결정하며 내가 그 결정에 동의하는지 의문이 들기 때문이다.

이 쇼는 분명 세상에 큰 영향을 미치고 눈에 띄는 업적들을 가득 남긴 사람들을 조명하기 위해 고안된 것이다. 그것은 물론 대단한 일이다. 하지만 그 사람들도 과연 행복했을까? 그들은 자신에게 의미 있고 보람된 삶을 살고, 깊고 지속적인 만족감을 느꼈을까?

주름이 가득한 노인이 되어 내가 이룬 모든 것을 되돌아볼 때, 나는 인생을 잘 살았다고 느끼고 싶을 것이다. 또 내 업적은 내 성공을 가늠하는 기준들 중 하나일 뿐이라는 것도 알 것이다. 물론 꼭 얻거나 성취하고 싶은 것들도 있겠지만, 내가 해온 일들을 통해 나 자신과 다른 사람들의 삶이 더 풍요로워졌다고 느끼고 싶다.

삶을 가치 있게 만드는 방법에 대해 생각하다 보면, 눈에 띄는 영향을 미치고 싶어질 것이다. 하지만 나는 그 밖의 다른 것들도 중요하다는 점을 안다. 단순히 이력서에 여러 항목을 채우는 것을 넘어서는 기쁨과 만족감, 사랑했고 사랑받았던 느낌, 깊은 행복감(후회는 적고 성숙으로 가는 빠른 길로 이어지는) 등.

이전 장에서는 우리 안에 바로 그런 것들을 제공하는 길을 찾을 수 있는 일련의 기회, 즉 상호 연결된 창들이 있어서, 이를 함께 이용해 우리 삶의 방식과 성공을 구상하고 성공을 위해 노력하는 방식을 향상시킬 수 있다는 점을 설명한 바 있다. 뷰카 세계의 혼란 속에서도 우리는 앞으로 나아가고 통제력을 발휘하여 지식 성숙도를 높이고, 다른 사람들과의 관계를 강화하며, 진정한 만족감과 가치 있는 삶으로 향하는 문을 여는 방법을 찾을 수 있다.

무엇이 삶을 가치 있게 할까?

    이 길을 찾는 일은 성공만이 중요한 것이 아님을 이해하는 일에서 시작된다. 내가 들어본 가장 슬픈 말 중 하나는, 돈이 성공의 정도를 측정하는 유일한 방법이기 때문에 돈이 중요하다고 했던 석유 재벌 H. L. 헌트의 말이었다. 물론 헌트는 사업가로서 엄청난 업적을 이루었지만, 자신의 성공을 은행 계좌 내역서에 찍힌 0의 개수로만 측정했다면 진정으로 가치 있는 삶을 살지는 못했다고 말하고 싶다.

    이제 이 책을 읽은 당신은 내가 이렇게 말하는 이유를 잘 이해할 수 있기를 바란다. 돈이 행복해지는 데 분명 도움이 되기는 하지만, 연구에 따르면 재정적으로 어느 정도 안정된 이후에는 돈을 더 번다고 해서 전체적인 행복이나 웰빙이 더 커지지는 않는다고 한다. 따라서 성공은 단순히 얼마나 부유한지, 얼마나 많은 것을 가지고 있는지, 명함에 어떤 직함이 적혀있는지에 관한 것만은 아니다. 오히려 그것은 우리가 속한 서로 연결된 시스템에서 비롯되는 것이다.

    여기에는 부와 승진뿐만 아니라 우리가 조직에 미친 구체적인 영향력, 우리가 이룬 성장, 그리고 우리가 촉발한 변화처럼 눈에 보이는 것들이 포함된다. 또 우리가 배운 것들, 그 배움을 자신에게 적용하는 방식, 그러한 개인적 성장 및 진화의 순환에서 비롯된 만족감과 성취감처럼 눈에 보이지 않는 것들도 포함된다.

    성공은 그중 어느 하나에만 있는 것이 아니라, 그 모든 것들과 우리가 그것들을 통합하고 그 사이의 연결을 찾는 과정에서 생겨난다. 무엇보다도 이러한 상호 연결이 각 부분의 총합을 넘어 모든 면에서 더 풍요롭고 만족스럽고 즐거운 삶의 경험을 만들어내는 과정 속에 성공이 내재되어 있는 것이다.

성공을 고정되거나 정적인 것, 또는 결승선에 매달려 있는 리본으로 여기지 말자. 그것은 역동적이고 변화하는 것이다. 그것은 당신이 더 높은 곳에 도달하고 자신 및 주변 사람들과 더 깊이 연결되기 위해 더 나아지고 진화하고 도전하는 과정에서 생겨나는 여정, 성장, 깊은 성취감이다. 돈과 승진도 좋지만 이러한 깊은 연결을 찾아 잠재력을 발휘하지 못한다면 당신이 마땅히 누려야 할 성공을 스스로 빼앗는 것이다.

지식 성찰 리더가 주는 교훈

이 책에서 내가 하는 약속 중 하나는, 지식 성찰을 통해 이러한 깊고 보람된 성공으로 가는 길을 찾을 수 있다는 점이다. 여기서 당신이 고려해 주었으면 하는 핵심 통찰은, 기쁨과 성취감은 기존의 성공 기준과 상충하는 것이 아니라 오히려 그것을 더 쉽게 달성하게 해준다는 점이다.

'황금 삼각형'을 활용하고 그것이 나타내는 기회의 창들을 통해 순환하면 당신의 삶과 리더십을 발전시키고 당신 자신, 팀, 조직을 위해 더 나은 성과를 이끌어낼 수 있으며, 나아가 더 많은 사람들에게 긍정적인 영향력을 미칠 수 있다. 지식 성숙도가 높아질수록 깊고 지속적이며 다각적인 성공으로 가는 길을 더 잘 찾게 된다!

> **기쁨과 성취감은 기존의 성공 기준과 상충하는 것이 아니라 오히려 그것을 더 쉽게 달성하게 해준다.**

3미터 높이의 거대한 계단이 우뚝 솟아있다고 생각하면 된다. 혼자서 다음 계단, 그 다음 계단을 오르며 점점 높이 올라갈 수도 있을 것이다. 하지만 먼저 올라간 사람들이 내미는 손을 잡고, 돌아서서 밑에 있는 사람들이 올라올 수 있도록 도우며 다른 사람들과 연결을 맺으면 자신과 자신이 하는 일을 몇 배는 더 쉽게 향상시킬 수 있다. 그리고 모든 사람을 위한 가치와 결과를 창출하고 훨씬 크고 의미 있는 성공을 이루게 된다.

이것이 바로 지식 성찰이 그토록 심오한 중요성을 띠도록 하는 비결이다. 지식 성숙도가 높은 리더는 더 행복할 뿐만 아니라 더 효율적이고, 더 많은 영감을 주고받으며, 조직 전체에 의미 있는 변화를 이끌어내고 강력한 성장을 촉발할 수 있다. 또 주변 사람들에게도 똑같이 혁신적, 희망적인 개인적 발전과 지속적인 성장을 불러일으킨다.

리더들이 더 적은 자원으로 더 많은 일을 하도록 요구받는 오늘날의 경제 상황 속에서, 지식 성찰은 그 복잡한 매듭을 끊고 새로운 효율성, 새로운 전략, 새로운 가치 창출 방식을 실현하는 방법을 제시한다. 연민과 인간애를 바탕으로 리더십을 발휘하면 팀 전체의 지식 성숙도를 높이고 훨씬 효과적으로 지식을 생성, 공유, 활용할 수 있다. 결정적으로 쇄신하고 단절하고 지속적으로 행동하려고 노력할 때 직원들을 지치게 하거나 스스로 나가떨어지지 않고 성장과 혁신을 추진할 수 있다.

지식 성찰을 실천하는 리더는 조직을 기계처럼 취급하여 더 빨리 일하고 더 많이 생산하라고만 하지 않는다. 그들은 조직을 단순히 기능적인 역할을 넘어 욕구, 가치관, 통찰력, 지식을 갖춘 사람들의 집합체로 여기는 것이 중요하다는 사실을 이해한다. 이러한 성공을 거두었다고 생각되는 지식 성찰 리더의 사례들을 살펴보고 그들의 성공 비결을 알아보도록 하자.

'설리' 설렌버거처럼 대응하기

2009년 1월 어느 날 아침, '설리' 설렌버거 **'Sully' Sullenberger**가 몰던 에어버스 A320이 기러기 떼와 충돌했을 때, 그 US에어웨이스 조종사는 당황하지 않았다. 그는 모든 조종사가 외우고 있는 주요 규칙을 따라 비행하고 **aviate**, 항로를 설정하고 **navigate**, 통신했다 **communicate**. 설리는 먼저 비행기를 조종할 수 있는지 확인한 다음, 가장 가까운 공항을 찾았지만 거기까지 갈 수 없다는 것을 깨닫고는 허드슨강에 그의 제트 여객기를 착수시켜야겠다는 힘든 결정을 내렸다. 마지막으로 그는 항공 교통 관제사들, 겁에 질린 승객들과 명확히 통신했다. 그 결과 재앙을 피한 것은 물론 승객 전원이 살아남았다.

수년간의 전투기 조종 훈련과 경험에도 불구하고, 설리는 전혀 예상하거나 대비할 수 없었던 상황에 처했다. 하지만 차분하고 침착했던 그는 자신이 상황을 보는 관점에 새로운 정보를 빠르게 통합하고 초인적인 속도로 중요한 판단을 내릴 수 있었다. 비행기를 돌려 공항으로 회항하려고 했다면 인구 밀도가 높은 지역에 추락할 수도 있었을 텐데, 대신 설리는 창의적이고 동정적이고 용감한 해결책을 찾아 승객들을 구하는 동시에 다른 사람들의 위험을 최소화했다.

난생 처음 겪는 당황스러운 상황에 대응하고, 경험과 훈련과 새로운 정보와 핵심 가치를 통합하고, 그 모든 것을 종합해 모두에게 더 나은 결과를 이끌어내는 해결책을 찾는 능력, 이것이 바로 지식 성찰이 발휘하는 힘이다. 끔찍한 불확실성 속에서도 자신감과 확신을 가지고 행동한 덕분에, 설리는 비행기를 구하고, 다른 사람들에게 영감을 주고, 비행기가 착수한 후에도 승객들이 허둥대지 않고 안전하게 대피하도록 할 수 있었다.

리처드 브랜슨처럼 기쁨 찾기

리처드 브랜슨**Richard Branson**은 기쁨과 창의력을 행동으로 보여주는 좋은 예이다. 그는 전염성 있는 미소로 리더십을 발휘하는 것으로 잘 알려져 있다. 음반 회사를 운영하든, 항공사를 운영하든, 혼자 힘으로 열기구를 조종해 세상을 여행하든, 자신의 모든 프로젝트에 똑같은 에너지와 긍정적 태도로 임한다. 순전히 개인적인 카리스마의 힘으로 그는 다른 사람들이 더 높은 곳에 도달하도록 영감을 주고, 그가 없었다면 결코 맞서지 못했을 도전에 맞서고 극복하도록 한다.

물론 브랜슨의 아이디어가 다 잘 풀린 것은 아니다. (마지막으로 버진 콜라를 마신 게 언제였나?) 하지만 워낙 아이디어가 풍부하기 때문에, 어떤 전략이 효과가 없을 때 그것을 인식하고 빠르게 방향을 전환하는 데 필요한 겸손함과 확신을 가지고 있다. 낙담과 비관은 그의 감정 레퍼토리에는 없으며, 그 결과 그는 자신이 이끄는 조직이 어려운 시기에도 계속 투쟁하고 앞으로 나아가는 새로운 길을 찾도록 영감을 준다.

중요한 것은, 브랜슨의 기쁨은 그의 트레이드마크인 환한 미소에서만 드러나지는 않는다는 것이다. 그는 직원들을 대할 때 연민, 존중, 개방성을 통해 그러한 기쁨을 조직 전체에 퍼뜨리고 다른 사람들에게서도 그런 감정을 이끌어내려고 노력한다. 그가 말하는 최고의 직원은 온전한 자아를 일에 투입하고, 다른 사람들의 온전한 자아와 소통하는 데에서 가치를 찾는 직원이다. "저는 친절을 찾습니다." 그는 설명한다. "저는 다른 사람들에게서 최고를 이끌어낼 수 있는 사람을 찾습니다. 그들은 다른 사람들에게서 최고를 찾지요. 또 진심으로 귀 기울여 듣습니다." 이것이 바로 지식 성찰 리더십이다.

라탄 타타처럼 계속 배우기

인도 최고 부자 중 한 명인 기업가 라탄 타타Ratan Tata가 승자의 여유를 즐긴다고 해서 뭐라고 할 사람은 없을 것이다. 그러나 그는 비행기 이코노미석을 이용하고, 기사와 대화하기 위해 앞좌석에 타고, 만나는 사람들마다 으레 담소를 나누는 등, 가장 겸손한 비즈니스 리더 중 한 명으로 명성을 얻었다. 타타의 눈에는 모든 사람이 평등하다. 그는 CEO이긴 하지만 만나는 모든 사람으로부터 여전히 배울 점이 있다.

이렇게 계속 배우려는 노력은 지식 성숙의 특징이며 이것이 타타의 경력을 정의해왔다. 그는 젊은 시절 IBM으로부터 명망 있는 자리를 제안받았지만 거절하고 대신 8년간 타타 스틸의 생산 현장에서 교육 업무를 맡았다. 은퇴한 지금은 어떨까? 그는 피아노 레슨을 받고 있다. "인생에서 성공하고 싶다면 배움을 멈추지 말아야 한다." 그는 설명한다.

타타의 겸손함은 자선활동에서도 드러난다. 그는 자선 단체들을 지원하고자 막대한 돈을 기부했으며, 세계에서 교육 기관에 돈을 가장 많이 기부한 사람 중 한 명이라고 한다. 타타에게 배움은 곧 열정이다. 아이비리그 대학들을 위한 혁신 허브를 구축하거나 장거리 비행 중 옆에 앉은 사람과 담소를 나누는 등, 그는 모든 측면에서 배우고자 하는 확고한 의지를 드러낸다.

오프라 윈프리처럼 소통하기

오프라 윈프리Oprah Winfrey는 뛰어난 소통가이자 굉장히 똑똑한 사업가이기도 하다. 사실 이 두 가지는 서로 밀접한 연관이 있다. 사람들과 소통하고 연결을 맺는 그녀의 재능이 곧 그녀의 사업인 것이다. 그녀의 출판 및 방송 제국은 다른 사람들의 말에 귀를 기울이고 공감을 불러일으킬 수 있는 언어로 지식을 공유하는 그녀의 능력(공감과 지속적인 양방향 피드백의 강력한 순환)에 달려있다.

실제로 오프라는 이런 사실을 깨닫고 나서야 그녀의 커리어가 진정으로 도약할 수 있었다고 말한다. 토크쇼를 제작한 처음 몇 년 동안 그녀는 많은 사람들이 시청하는 성공적인 토크쇼를 만들겠다고 마음을 먹었고, 물론 성공을 거두었다. 하지만 그 뒤 그녀는 가시적인 성공을 위해 노력하는 것을 그만두고 다른 사람들과 보이지 않는 연결을 맺기 시작했다. "저는 쇼를 하려는 노력을 멈추고 제작자들에게 우리의 목표는 오직 하나, 즉 '어떻게 하면 시청자들에게 도움이 되고 그들의 삶에 좋은 영향을 끼칠 수 있을까?'라고 말했어요." 그녀는 회상한다. 그리고 이러한 노력이 그녀의 쇼를 진정한 문화 현상으로 만들었다.

오프라의 놀라운 점은 자기 인식과 감성 지능을 모두 활용한 리더십을 발휘한다는 것이다. 왕족이나 영화배우를 인터뷰하든, 케이터링 업자나 하급 인턴과 대화하든, 그녀는 공통된 인간애의 불꽃을 찾아내고 그 불꽃을 일으켜 의미 있는 관계를 만들기 위해 노력한다. 오프라에게 단순 거래란 없으며, 모든 연결은 배우고 연결되고 성장하는 기회가 된다. 무엇보다도 이 점이 그녀를 진정으로 영감을 주는 리더로 만드는 것이다.

지속적인 성공의 길로 리드하기

물론 이 리더들은 우리에게 각기 다른 교훈을 준다. 지식 성찰은 항상 각 리더의 독특함이나 상황과 서로 깊이 연결되어 있기 때문에 각자 다르게 나타날 수밖에 없다.

하지만 지식 성찰은 우리가 단순히 영웅을 흉내 내려고만 하면 안 된다는 점을 상기시켜 준다. 오프라도 리처드 브랜슨도 단 한 명뿐이고, 당신도 유일하다. 성공의 열쇠는 이러한 대단한 리더로부터 배우는 것뿐만 아니라 그 배움을 자신의 지식과 자신의 리더십에 통합하고, 자신의 최고의 모습을 찾아가는 과정에서 그것을 활용하는 것이다.

지식 성찰은 우리에게 가시적인 이익을 가져다주는 동시에 더 기쁘고 긍정적이고 인간적인 방식으로 지식을 활용할 수 있음을 알려준다. 지식 성찰은 경제적 성공에만 집착하는 대신, 경제적 성공은 물론이고 개인적, 정서적, 영적 성공까지 달성하며 다른 사람들도 함께 성공할 수 있도록 돕는 방법을 알려준다.

우리가 지식 성숙도를 가속화하고 향상시키기 위해 노력하는 동안 (익숙하고 안전한 영역에만 머물려고 하는 대신) 이해의 범위와 깊이가 증대되어 지식의 질이 높아지므로 이를 달성할 수 있다. 그 과정에서 세상에 대한 우리의 인식의 질, 다른 사람들과 맺는 연결의 질, 우리의 행동과 결정의 질도 높아진다. 따라서 지식 성숙도를 높이면 우리 자신, 다른 사람들, 조직 전체를 위한 유형 및 무형의 이익을 모두 실현할 수 있다.

지식 성숙도를 높일수록 당신은 직업적, 개인적 측면 모두에서 더 깊고 의미 있는 삶을 누릴 수 있게 된다. 성과도 물론 좋아지겠지만 행복이 이론적이고 멀리 있는 목적지가 아니라 일상의 경험 속에서 찾을 수 있는 것이라는 사실 또한 깨닫게 될 것이다. 지식 성찰을 함으로써 얻는 가장 직접적이고 즉각적인 결과물은 사실 더 기쁘고 만족스럽고 보람 있는 리더십 경험이다.

오래 살수록 더 많이 배운다는 것은 우리 모두가 아는 사실이다. 하지만 배움을 진정한 삶으로 착각해서는 안 된다! 배움은 생존을 위해 적응하는 방법이지만, 정보를 그저 집어삼키는 것을 넘어 지식을 수용하고 발전시키기 시작할 때 우리는 삶의 경험 이면의 더 깊은 의미를 발견하게 된다. 결국 배움은 개인주의적이라 그 잠재력이 제한적인 반면에, 앎은 우리 자신과 세상의 상호 연결을 인식하고 수용하는 일이기 때문에 혁신적이다.

우리는 불확실한 세상에 살고 있다. 스트레스, 불안, 두려움을 극복하여 그저 살아남는 것이 아니라 성장하고 번영하려면 '노하우'뿐만 아니라 '노와이'를 구하고 자신만의 특별한 지식을 신중하게 구축할 방법을 찾아야 한다. 내가 누구인지 알고, 다른 사람들을 알고, 내 위치와 방향과 목적을 알아야, 이러한 앎을 통해 뷰카 세계의 리더로서 진정한 성취감과 성공을 찾을 수 있다. 더 좋은 점은 우리가 찾은 성공은 단기적 또는 장기적 성공에만 국한되지 않는다는 것이다. 지식 성숙을 활용하면 당면한 과제와 단기적 목표에 대응하는 동시에 장기적 비전과 포부에 대비할 수 있으므로 둘 다 성공할 수 있는 것이다.

이러한 의미에서 지식 성찰은 경제, 사회, 정치 등 외부 체계에서 오는 압박을 없애고 그들의 관점과 관행을 개혁함으로써 새로운 삶의 방식과 리더십의 방식을 상상할 수 있게 해준다. 지식 성찰은 난해하거나 추상적인 것이 아니라, 당신이 자유를 되찾고 직면하는 도전을 뛰어넘어 성장하기로 선택할 수 있는 실용적인 방법이다. 이를 받아들이면 당신과 다른 사람들, '우리'와 '그들' 사이의 경계가 모호해지기 시작할 것이다. 이러한 임의적 구분이 사라지면 당신은 다른 사람들과 함께, 또 다른 사람들을 위해서 한결 더 생생하고 열정적이고 즐거운 삶을 살 수 있게 될 것이다.

지식 성찰 조직 구축하기

지식 성찰을 삶과 리더십에 통합하고 지식 성숙도 향상의 힘과 중요성을 이해하기 시작하면 당신의 성장과 개인적인 발전이 주변 사람들에게도 자연스럽게 전해지는 것을 느낄 것이다. 지식 성숙도가 높아지면 판단하기보다는 존중하게 되고, 주변 사람들의 말을 경청하고 그들과 연결을 맺으면서 생기는 잠재력과 가능성에 더 몰입하게 된다.

황금 삼각형(개인 지성, 집단 지성, 행동)의 요소들을 연결시키고 3C 순환고리를 이용해 지식을 흐르게 하여 지식 성숙도를 높이면, 당신 자신의 발전과 외부 세계에 미치는 영향력 모두에서 지속적인 변혁이 일어나게 될 것이다. 시간이 지남에 따라 이 순환은 '앎의 기술'이라 할 수 있는 삶의 방식으로 자리 잡아, 당신이 자연스럽게 사람들과 공유함으로써 주변 사람들이 당신의 행동을 모방하고 지식 성숙도를 높이는 길을 따르도록 영감을 준다.

이를 뒷받침하는 사실은, 지식 성숙도가 향상되면 당장의 전술상의 필요, 전략적 목표가 아니라 우리를 정의하고 조직을 하나로 뭉치게 하는 더 깊은 핵심 가치에 기반한 전략과 프로세스를 만들고 또 재창조하게 된다는 것이다. 이때 성장과 가치 창출의 주요 장애물인 변화에 대한 저항은 사라지는데, 당신이 추구하는 이익이 당신 혼자만

이 아니라 모두에게 생기기 때문이다. 사람들은 당신이 자신들로부터 가치를 빼내려는 것이 아니라 공통의 목표를 중심으로 함께 모이기를 요청하고 있다는 점을 알게 된다.

이렇게 강화되고 또 스스로 강화되는 신뢰와 상호 연결의 순환은 개인의 성장과 조직의 성장이 불가분의 관계에 있다는 근본적인 진리를 설명하는 데 도움이 된다. 지식 성찰은 이탈이 아닌 전체에 대한 더 깊은 참여를 통해 고유성을 추구하도록 하는 밑거름이 되는 것이다. 우리가 더 비옥한 환경을 조성할수록 우리 자신은 물론 조직도 더 크게 성장한다.

내가 이 책에서 공유한 전략은 당신이 삶에서 그런 성과를 이룰 수 있도록 고안되었다. 그 성과는 당신의 삶과 리더십, 조직 전체에서 균형 잡히고 자기 강화적인 지식 성찰의 '황금 삼각형'의 에너지를 창출함으로써 달성된다. 현재 직면한 도전 과제에 잘 대처할 수 있는 조직을 만들고, 성공에 영감을 주고 팀을 지원할 수 있는 리더로 거듭나려면 결국 리더십, 지식 관리, 조직 행동에 대한 접근 방식을 시급히 재고할 필요가 있다.

리더십, 지식, 성공에 대한 오래된 사고방식은 그 나름의 가치가 있으므로 그것을 버리라는 게 아니다! 하지만 이러한 오래된 접근 방식을 우리가 현재 직면한 과제와 연결하는 다리를 만들어야 하는데, 그 시작은 곧 우리의 삶과 조직에서 지식이 하는 역할을 이해하고 인식하는(또는 분명히 보는) 것이다.

지식 성찰을 통해 우리는 뷰카 세계에 더 적합하게 살아가고 리더십을 발휘하는 방법을 찾을 수 있다. 세상은 계속 변하므로 우리는 새로운 전술과 전략을 항상 찾아야 한다. 그러나 3C 순환고리를 활용하면 개인적, 집단적 차원에서 지속적이고 의식적으로 지식을 생성 및 쇄신할 수 있으며 그 지식을 더 총체적인 성공을 추진하는 데 필요한 행동으로 전환할 수 있다.

계속되는 여정

당신의 기억 속에 남기고 싶은 한 가지 생각은, 여기에는 종료 지점도 최종 목적지도 없다는 사실이다. 지식 성찰은 계속되는 여정이다. 개인적으로 또 조직적으로 더 많은 것을 활용하고 성공할수록, 계속 나아가고 자신과 다른 사람들의 더 풍요로운 삶을 위한 방법을 찾는 것은 더 중요해진다. 바로 이것이 우리 자신의 삶 그리고 다른 사람들의 삶에 열정을 불어넣는 것이다.

상어는 아가미 위로 물이 계속 흐르게 하기 위해 끊임없이 헤엄쳐야 하며, 이렇게 계속 앞으로 헤엄쳐나가지 않으면 죽는다고 한다. 지식 성찰은 우리 삶에서도 끊임없는 전진과 지식 발전이 중요함을 보여준다. 정체와 고립은 위험하다. 계속 연결하고 상호 작용하고 통합하고 성장해야 이 뷰카 세계를 헤쳐 나갈 수 있다.

지금쯤이면 당신도 지식 성찰이 굉장히 강력하긴 하지만 지름길이나 빨리 해치우는 요령 같은 것은 아니라는 사실을 깨달았을 것이다. 그것은 진정한 삶의 방식이 될 때 가장 효과적인 지속적 과정, 즉 지속적 실천이다. 지식 성찰을 우리 삶의 중심에 둘수록 그것은 우리의 리더십, 의사결정, 행동, 우리가 조직과 우리를 의지하는 사람들에게 영향을 미치는 방식에서 더 많이 드러나게 될 것이다.

> **정체와 고립은 위험하다. 계속 연결하고 상호 작용하고 통합하고 성장해야 이 뷰카 세계를 헤쳐 나갈 수 있다.**

이러한 방식으로 지식 성찰을 실천하면(헌신, 창의성, 진실성, 연민을 바탕으로) 자신과 다른 사람들 모두를 위해 혁신적 성공을 실현할 기회를 얻을 수 있다. 앞으로 며칠, 몇 주, 몇 달, 몇 년 동안 이 과정을 계속 '알아 가다' 보면 자신과 팀, 당신의 영향력이 닿는 모든 사람에게 긍정적이고 강력한 결과를 이끌어낼 수 있다.

시간이 지남에 따라 당신은 지식 성찰이 삶의 바탕의 일부가 되어 가는 것을 발견할 것이다. 그것은 일상의 모든 순간을 생생하게 색칠하고 표현하여 당신이 각각의 순간과 상호작용에 집중하는 동시에 일시적인 도전을 뛰어넘어 인생의 더 큰 그림, 즉 더 넓은 생태계에 닻을 내릴 수 있도록 도와줄 것이다. 지식 성숙도를 높이기 위해 꾸준히 노력하는 것이 항상 쉬운 일은 아니겠지만, 항상 보람 있는 일임은 분명하다. 또 오늘날의 리더에게는 진정 가치 있는 삶으로 가는 길이기도 하다.

지식 리부트

초판 1쇄 펴낸 날 2025년 8월 20일

지은이   라일라 마루프
옮긴이   서지희
펴낸이   장영재
펴낸곳   (주)미르북컴퍼니
자회사   더모던
전 화   02)3141-4421
팩 스   0505-333-4328
등 록   2012년 3월 16일(제313-2012-81호)
주 소   서울시 마포구 성미산로32길 12, 2층 (우 03983)
E-mail   sanhonjinju@naver.com
카 페   cafe.naver.com/mirbookcompany
S N S   instagram.com/mirbooks

* (주)미르북컴퍼니는 독자 여러분의 의견에 항상 귀 기울이고 있습니다.
* 파본은 책을 구입하신 서점에서 교환해 드립니다.
* 책값은 뒤표지에 있습니다.